온 사람136 첫 번째

참 사람 싹 틔우기

씨 / 밭 / 싹

꿈꾸는 소년 씀

PSC
PURUN SEOUL CORPORATION

추천사

　황병수 님의 '온 사람'은 그 분의 일대역작이라는 생각이 든다. 한 사람을 개인과 가정, 사회와 국가, 민족과 세계에 공헌하며 행복하게 살아갈 수 있는 '온 사람'이 되게 할 목적으로 성경과 과학을 넘나들며 연구한 결과를 종합한 것인데, 아기가 잉태되기 전 부터 잉태를 위한 부모의 준비, 잉태 후 지속적 관리, 출산 후 단계별로 성인이 되어서 까지 성장과 성숙을 위한 구체적인 실천을 제안했다.

　7권의 방대한 자료는 '온 사람'의 필요성을 절실하게 느끼며 이 나라의 현재와 미래 국민을 '온 사람'으로 만드는 개혁적 변화가 있어야 함을 주장하고 있다. 이 책은 한 권의 연구서라기보다는 인간에 대한 저자의 철학적 체계라고 본다.

　저자는 이미 많은 책을 저작 출간한 적이 있다. 그러나 과거의 어떤 저서보다도 이 '온 사람'이야 말로 전 생애 동안 연구한 모든 자료를 총망라한 종합적 최후의 역작으로 보고 싶다. 인간 생성 전부터 마지막까지 '온 사람'이 되기 위해 구체적으로 실천할 수 있는 방법을 하나씩 제시하고 있다. 단, 여기에 제시된 과학적 증거가 학자들의 실험은 끝났지만 광범하게 알려지지 않아, 비밀 같고 신비스러운 것도 있지만, 과학은 정상 인 경우 누구에게나 동일하므로 확신하고 적용하면 된다.

　'온 사람'이 될 수 있는 가능성을 체계적, 단계적, 구체적으로 제시해 준 최초의 작품이라 놀라우며, 사람을 다루는 모든 분들, 결혼을 계획하는 젊은이들과 부모, 유치원과 초중고 학교 선생, 교수, 의사, 간호사, 인류학자, 생물학자, 사회학자, 사회복지사, 사회사업가, 종교 인, 윤리학자, 상담전문인, 심리학자, 결혼상담자 등 사람의 문제를 다루는 모든 이들에게 이 흥미로운 역작을 권하는 바이다.

김 상 복

ThD, DLitt, DD, 횃불 트리니티 신대원대학교 명예총장,
할렐루야교회 원로목사

추천사

저자 "꿈꾸는 소년"은 인적자원개발과 성과관리 전문가로, 추천자가 연구한 "양자의학"에 매료되어, 이를 삶에 적용하면 큰 득이 된다는 사실을 알고, 다른 과학을 섭렵하고 통섭하여 "온 사람 136"이라는 아름답고 거대한 보석을 만들었습니다. 저자는 학문을 매일 적용해야 참 지식이라 보
고, 7권의 실천 매뉴얼을 썼는데, 추천자의 전문인 양자의학과 자연치유력을 대중들에게 전파하는 것이라, 추천자는 정말 행복합니다. 그 7권은 아래와 같이 눈이 부실 정도로 아름다운 보석입니다.

1. 아주 탁월한 후손을 임신하기 위해 부부가 6개월간 실천할 것
2. 온 가족이 행복하게 자연원리에 따라 과학적으로 태교하기
3. 만 12살까지 다 갖춘 바람직한 사람이 되게 돕는 人場 매뉴얼
4. 청소년까지 가르치기보다 잘 배우도록 돕는 교육 패러다임 바꾸기
5. 회복탄력성을 적용해 늘 새사람이 되게 하는 꿈 이루는 과학
6. 사람의 본래 사명을 다 하는 돕고 나누며 기여하기
7. 생명체와 사람의 본질을 실천하는 일생 자기가치 높이기

지금 우리나라는 개인과 국가의 높은 경쟁력이 절실한 때, 주옥같은 실천사항들을 발표하니, 국민들로서는 대단히 감사합니다. 저자는 과학자들이 실험으로 다 증명했지만, 비밀 같은 것들을, 소상하게 보통사람들의 삶과 연결시켰습니다. 또 "온 사람136"으로 일생 건강하고 인품이 탁월한 천재들이 자라서, 2050년 후에는 한국인이 학문적 노벨상을 휩쓸고, 온 나라가 자연원리대로 상생공존하며, 홍익인간을 실현해서, 세계를 리드하고 영향력이 막대하게 된다는 꿈을 그렸습니다.

이 꿈은 이미 증명된 과학적 사실이므로, 누구나 다 거대한 복을 만끽하면서 자신의 사명을 다 하는 독특한 삶을 살 것으로 확신하며, 일독(一讀)을 권하는 바입니다.

강 길 전 강ーー
충남의대 명예교수, 의학박사,
'여성생식내분비학', '양자의학', '대체의학의 이론과 실제', '자연치유력을 키워라' 등 저술

CONTENTS

온 사람136-1: 설계 개발, 참 좋은 사람 싹 틔우기

온 사람136이란 부부가 합심해서 13년 6개월만 집중하여 삶을 보여주면, 다 갖춘 온 사람을 일으킬 수 있고, 그들이 일생을 탁월하게 살 수 있다는 말이다! 사람을 출생이나 착상보다 훨씬 전인, 원재료 쿼크(Quark)부터 보는 관점이다.

또 쿼크가 목적에 맞게, 이질적 결합을 통해, 한 사람이 되는 자율적 과정과, 그 과정에서 이웃을 위한 협력과 희생, 인간에게 가장 중요한 뇌 성장의 "결정적 시기"와 그 시기에 필수적인 자극 등, 생후 12년의 특성까지를 일생에 적용하자는 것이다.

즉 사람 몸의 원재료와 생명체가 되는 과정과 자라는 과정의 특성을 일생 일상에 적용하여 탁월하게 사는 모형이다.

사람은 DNA를 설계할 수도, 그 발현을 조절할 수도 있다.(Bruce Lipton) 이는 자연이 인간에게만 준 특혜다. 그래서 참으로 좋은 사람을 낳아서 키우려면, 임신 전에 그 사람의 DNA부터 설계하고, 그렇게 자라도록 도우면 된다. 그런데 이것을 과학자나 의사가 해주는 것이 아니라 반드시 부모가 해야 되고 부모만 할 수 있다.

애정 순도 100%인 부부가 함께 미래에 키울 아이모습을 구체적으로 설계하고, 그런 아이가 생기게 할 정자를 개발하면서 난자도 준비 시킨 후, 아주 구별된 합궁을 하면, 그런 사람이 잉태된다.

다음은 설계된 대로 태교하고, 출생 후에는 만12세까지만 설계된 DNA가 발현되도록 자극을 주되 삶으로 본을 보이면 된다. 그러면 청소년기부터는 스스로 DNA발현을 조절하여 일생 설계된 그대로, 탁월한 사람으로 살 수 있다.

반드시 유의해야 될 것은 사람은 DNA발현을 조절할 수 있기 때문에, 항상 음식과 운동과 생각으로 그 상태가 유지되게 해야 된다는 것이다. 이것이 양자물리학과 그것을 바탕으로 한 양자의학과 후생유전학 또 신경과학 등이 주장하는 바다.

이미 우리 선조들은 임신 전 100일 기도와 치성으로 이를 실천했고, 1801년 사주당 이씨가 세계 최초의 태교교본인 태교신기로 이를 제시했다. 또 바이블도 이미 수 천 년 전에 이를 증명했다. 믿고 활용하자!

"참 좋은 사람 싹 틔우기"는 한 사람의 생에서, 생명체로 생기기까지 딱 6개월의 역사이고, 부모의 생명창조활동을 바로 도와주는 실천사항이다. "1개월간 미래의 아이 정교하게 설계, 3개월간 그런 아이가 생길 정자개발과 난자준비, 1~2개월간 그런 아이가 생기도록 애정순도100%의 구별된 합궁"이면 된다. 6개월간 부부는 건전한 모범시민, 부부, 그런 가정이어야 된다. 전문지식이나 독특한 기술이나 별도의 돈이 안 든다. 사람답게 서로 사랑하며 부모역할을 진지하게 하면 된다. 큰 행운을!

2016.5. 꿈꾸는 소년

여는 글

저는 양자(Quantum)라고 합니다. 원자의 10만분의 1정도인 아주 작은 알갱이(입자)로 원자핵 속에 들어 있어요. 저희들이 없으면, 온 우주에는 아무 것도 없으니, 우린 정말 대단한 존재랍니다. 제가 지금부터 좀 생소한 말을 하겠습니다. 출산 전 남녀가 집중해서 생각하고 실천해야 할 것입니다. 참으로 중요한 이 자연법칙을 아무도 들려준 적이 없거든요.

이 이야기를 쓰는 꿈꾸는 소년은 30년 넘게 인적자원개발과 성과관리 컨설팅을 했는데, 농촌진흥청의 성과지표개발을 돕던 어느 날, 점심식사 후 쉬는 시간에 식물원에 들어가다가, 머리를 탁 치듯 기막힌 사실을 영감으로 받고 옆 사람 어깨를 쳤답니다. "홍 박사님, 사람도 종자개발을 해야겠어요. 수 십 년 인적자원개발하면서 사람들 변화에 의문이 많았거든요. 아예 제대로 된 사람이 생기면 끝내주겠네요!"

농촌진흥청에는 농축산관련 전문가 근 2천이 각종 농·축산물 900종 이상의 종자를 개발했거나 하고 있어요. 한 겨울에도 고운 장미를 즐기고, 딸기를 먹으며, 버섯수출로 외화를 버는 것도 모두 그곳에서 종자를 개발했기 때문이래요. 실제로 선진 각국은 종자개발을 전쟁수준 이상으로 치열하게 전개한답니다. 그런데 여기서 인적자원개발 전문가의 머릿속에 번개처럼 스치는 것이, 바로 "그래, 사람도 종자(말이 좀 상스럽지만)개발을 하면 모든 것을 다 갖춘 아주 탁월한 사람들을 키울 수 있겠다"는 생각과, 그러면 "사람으로 인한 여러 문제를 원천 차단할 수 있겠다"는 것이었습니다. 사람의 종자개발이라면, 기계적이거나 물리적인 접근을 생각하겠지만, 그것은 비용이나 기술, 법적 한계 등으로 실용성이 없대요. 그러나 제가 소개하는 방법은 마음과 사랑을 바탕으로 하는 것이라, 정상적인 부부라면 누구나 적용할 수 있고 100%의 효과를 보증할 수 있다니 참으로 놀랍지요.

그래서 다음 세대를 낳아야 할 모든 부부에게 양자인 제가 아주 확실한 도구를 드리겠습니다. 6개월만 이 방법을 실천하면 탁월한 후손을 임신할 수 있거든요! 임신 후 태교와 성장 돕기도 이 모델의 연장에서 해야 더 바람직하답니다. 그러면 반드시 최고의 우량종자를 심어 참으로 탁월한 싹을 트게 하니 정말 신나는 일이지요!

한국에 육아나 자녀교육에 관한 책이 400여종이 넘지만, 거의 태교나 출생부터 시작해요. 그러나 태교는 이미 싹이 난 후니까 늦지요! 어떤 씨가 어떤 토양에서 싹이 났는가에 따라 천재나 둔재가 결정되기도 하거든요. 그 좋은 한국의 신고 배를 미국에 갖다 심었더니 돌배가 되었다는 것이나, 한국의 고려인삼이 세계의 어떤 인삼보다도 더 좋다는 것은, 바로 씨와 싹이 난 밭에 따라 열매가 달라진다는 증거지요. 사람도 싹이 나기 전에 좋은 씨앗을 만들고 그 씨앗이 싹이 날 좋은 밭을 만들어, 아주 정성스럽게 잘 심으면, 사람으로는 다 갖춘 싹이 난다는 과학입니다.

조금은 생소한 내용과 까다로운 이미지 작업에 몰입해주신 출판관계자 모든 분들에게 깊이 감사드리고, 그 성심과 전문성으로 인한 복이 계속 더 커지기를 진심으로 기원합니다. 또 "책에 포함된 양자물리 양자의학 후성유전학과 관련된 내용은 거의 강길전 박사의 강의 내용을 인용한 것"입니다. 크게 감사드립니다!

2016년 1월 저자를 대신해 양자

매뉴얼을 실천하여 생긴 사람의 모습!

이런 모습의 사람입니다!

이 매뉴얼을 적용하여 태어난 사람이 나서 자라면 이런 놀라운 모습이 된답니다! 이 모습을 좀 더 자세하게 보면 이런 의미입니다.

0. 안전하게 착상되어 건강하고 영특하게 자란다.
1. 영·유아 때 잘 먹고 잘 자고 잘 싸며 잘 논다.
2. 사교육비 안 드는 똘똘이이고 세상에 유일한 전문가다.
3. 심신이 균형 잡힌 완전한 건강체다.
4. 이성 영성 도덕 자율 인격적으로 바람직한 사람이다.
5. 사람들이 다 좋아하는 재미있는 사람이다.
6. 학문적 노벨상 수상자나 그에 필적한다.
7. 실용지능이 높아 무엇이든 척척 해낸다.
8. 사회에 크게 기여하며 일생 행복한 사람이다.
9. 가정을 낙원으로 만드는 애국자다.
10. 항상 성장 발달하며 계속 창조하는 사람이다.
11. 부모도 경쟁력 있는 바람직한 부모 된다.

미리 설계한 아이 모습

0. 사람이 싹이 난다는 것은 정자와 난자가 만나 수정되는 것이지요. 그리고 태어나기 전까지 자랄 터를 잡고 안정되어야 되는데, 그게 착상이고 태어날 때까지 건강하게 잘 자라야 사람의 기초가 완전하죠.

1. 아기가 태어나면 3세까지 영아, 6세까지는 유아라고 하는데, 이때는 인생 전체의 기초이므로, 일단 잘 먹고 잘 자고 잘 싸며 잘 노는 것이 가장 좋답니다. 우선 밤에 자고 낮에 잘 놀면 부모는 물론 돌보는 사람들이 얼마나 편한지 모른다고 해요.

2. 지금 출산을 피하는 사람들 중에는 교육비가 무서워 못 낳는 사람도 있다고 합니다. 그러나 이 매뉴얼을 적용해서 낳은 아이는 아예 사교육비가 제로 되는 똑똑이로 설계되었고, 세상에 단 한 사람만 있는 전문가니까 교육비 걱정은 전혀 필요 없어요!

3. 심신의 균형 잡힌 완전한 건강체란, 신체와 정신과 정서와 영혼이 다 건강하다는 말입니다. 사람은 몸만 건강해서는 안 되잖아요? 정신이 건강해서 사람 노릇을 제대로 해야 되고, 정서가 건강해서 다른 사람들과 관계도 좋아야지요?

4. 이성 영성 도덕 자율 인격적으로 바람직한 사람이라야 사람의 기본 특성을 제대로 발휘하는 사람이랍니다. 항상 합리적인 사람으로 억지가 없고, 영성이 풍부하여 흔들리지 않으며, 늘 도덕적이라 흠도 없고, 자율적이라 스스로 모든 것을 척척 다 하여, 사람으로 전혀 나무랄 것이 없는 상태입니다. 와아 정말 존경스러워요!

자식은 많을수록
복이다

자기가 먹을 것은
가지고 나온다

많이 낳을수록 몸도
마음도 더 건강해진다!

머리 선거하면
교육비는 제로가 된다!

번식을 생명체라 국민의
기본 의무로 여겨라!

국가와 내가 동반자 되나 제발
안심하고 차라계만 많이 낳아라!

어버이의 말을 실천해라!

선조와 자연이 권하는 말씀

5. 21세기의 핵심적인 단어 하나가 재미라고 하던데요? 주위의 모든 사람들이 다 좋아하는 재미있는 사람이라니 아주 환상적이지요! 아무리 내용이 중요하고 가치가 있어도 재미가 없으면, 강의시간에도 거의 집중을 안 한다고 해요. 심지어 뉴스조차도 시사적 관심사와 연결해서 재미를 가미하는 정도거든요. 사람이 당연히 재미있는 것을 선호하므로 재미있는 사람이 역시 호평을 받아요.

6. 아직 한국에는 학문적 노벨상 수상자가 한 사람도 없어서 양자인 제가 보기에 좀 이상해요. 전 세계에서 아이큐 제일 높고, 교육열 제일 높으며, 교육비 부담도 제일 높고, 공부하는 시간도 제일 긴데, 5천년 역사에 왜 아직도 학문적 노벨상 하나 없어요? 정말 안타까워요! 이 매뉴얼을 적용하면 틀림없이 나와요! 말이 씨가 되어서라도 나오지요!

7. 실용지능이 높아 무엇이든 척척 해낸다는 것은 실제 삶의 현장에서 자

해시계는 노벨상 감

신이 맞(맡)는 모든 것을 잘 처리한다는 것입니다. "꿩 잡는 게 매"라는 말과도 같지요. 예를 들면 경영석사보다 그냥 시장에서 자란 사람이 사업을 더 잘 하는 경우와 유사하지요!

8. 사회에 크게 기여하며 일생 행복한 사람은 정말 행복한 사람입니다. 사회에 기여하는 것이 사람의 본래 사명인데 그 사명을 다 하면서 자신이 행복한 것은 너무나 자연스럽고 당연하거든요!

9. 옛날에 독립운동이나 각종 국가적 특수 임무를 완수하느라고 가정을 제대로 돌보지 못한 사람들이 좀 있었다고 들었습니다. 그러나 이제는 가정을 낙원으로 만들면서도 충분히 애국자가 될 수 있는 환경이라고 해요.

10. 항상 성장 발달하며 계속 창조하는 사람은 생명체 본래의 특성을 그대로 지키는 사람입니다. 또 사람의 욕구는 한이 없다고 하지요? 욕구는

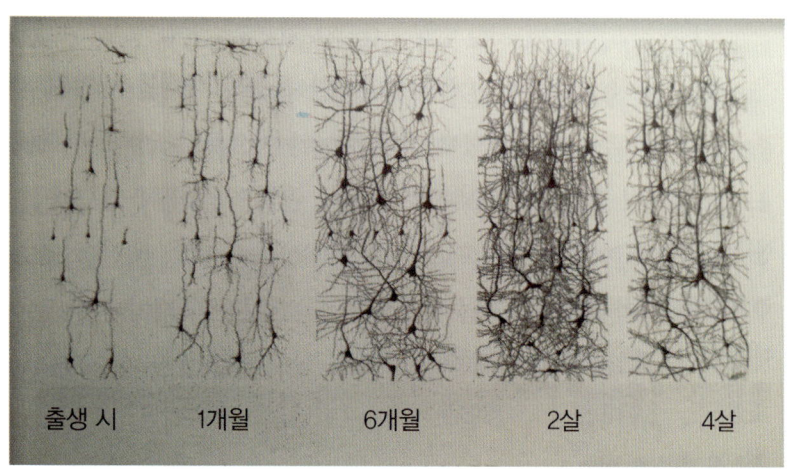

저절로 성장하는 뇌세포(커넥톰)

진행하는 파동이기 때문에 자연스럽게 성장발달해요.

11. 아이가 위와 같이 여러 가지를 제대로 갖춘 사람이 되려면 부모가 아주 경쟁력 있는 사람이 되어, 삶으로 바람직한 본을 보여야 되기 때문에 부모의 사회적 경쟁력이 월등하게 높아집니다. 아이를 설계하고 씨앗과 터와 환경을 최선으로 개발하려면 부모가 아주 건전한 삶을 살아야 되니까 경쟁력이 강해질 수밖에 없다는 군요. 그래야 건강한 몸과 넘치는 기와 아름다운 마음을 줄 수 있어요.

도달 과정

매뉴얼의 실천과정은 크게 아래와 같습니다!

그림은 앞의 아이가 생기는 과정입니다. 부부가 원하는 아이의 모습을 설계하고, 음식과 운동과 생각으로 그런 아이를 만들 정자와 난자를 준비한 후, 그 정자와 난자가 최상의 상태에서 만날 수 있도록 사랑의 합궁(생명 창조활동)을 아주 바람직하고 만족스럽게 하면, 바로 그런 아이가 생긴다는 겁니다. 부부가 생각으로 생성한 아이의 고유파동이 우주에서 동일한 파동을 끌어와 그런 아이를 만들어낸다는 거지요.

어떻게 부부가 생각만으로 그렇게 바람직한 사람이 생기게 할

부부가 원하는 아이 모습 성별, 특성, 재능, 건강 등을 설계(아이의 고유파동 생성)

↓

그런 아이를 만들 정자 개발 및 그 정자와 잘 결합할 난자 준비(음식 운동 생각으로)

↓

그런 아이를 생기게 할 합궁(생명 창조활동)을 아주 바람직하고 만족하며 구별되게 가짐

부모 소원파동의 공명에 의해 그대로 됨

후손의 DNA 설계 개발 과정

생각으로 후손 DNA개발

수 있는지 의심스럽지요? 그래서 모든 물질의 작은 알갱이인 저 양자가 설명 드립니다. 물론 저보다 더 작은 쿼크도 있지만, 최근에 각광을 받는 물리학이 양자물리학이고, 양자이론에서 여러 가지가 파생되며, 부르기도 쉬워서 양자에서 시작하려 합니다. 실제로 저는 부모의 생각과 같은 파동이라 우주에서 여러 동료들과 함께 날아왔습니다. 양자물리에서 말하는 소립자들 전체를 말하기도 하지요.

사람들은 저를 잘 모릅니다. 심지어 물리학자들도 오래 전에 공부한 분들은 저를 모르는 사람이 많아요.

"원자나 분자란 말은 들었지만 양자란 말은 못 들었다!"고 하실 수도 있어요! 그렇지만 사실은 제 또래들인 양성자와 중성자가 모여서 핵이 되고, 거기에 전자가 합해서 원자가 되며, 다른 원자들이 모여서 분자가 되어 물질이 생기는 것입니다. 그래서 세상의 모든 것은 다 저로부터 생겨났다고 해도 돼요. 제가 없으면 이 세상에 아무 것도 없어요!

이제 제가 얼마나 중요한 존재인지 아시겠지요? 제가 없으면 이 책도, 책을 만드는 사람도, 파는 사람도, 읽는 사람도, 아무도 없어요. 그렇다고 제가 혼자서 모든 것을 다 하는 것은 절대 아니니까 안심하셔도 돼요.

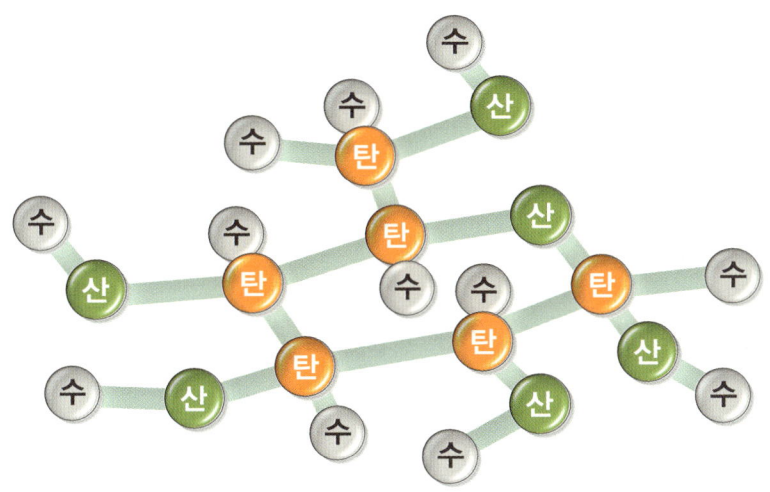

포도당의 분자구조

저희들은 세상에 유익한 일을 하려는 목적으로 양성자와 전자가 모여 원자가 되고, 또 같은 파동과 목적을 가진 원자가 모여 분자가 되며, 분자는 다시 더 나은 기능을 수행하려고 세포를 만들고, 세포들이 모여 조직이 되고, 장기가 되어 완전한 한 사람이 되어요.

사람은 물론 짐승이나 식물과 같은 생물들도 있지만 무생물까지도 저희들의 활동으로 세상에 존재하게 됩니다. 그러니까 이 세상이 지금과 같은 형태로 유지되는 것은 양자적 힘이 모든 곳에서 끊임없이 작용하고 있기 때문에 가능한 것이지요.(미치오 카쿠, 미래의 물리학)

생명체가 살아 있는 것도 사실은 몸속에서 엄청나게 많은 원자나 분자가 끊임없이 질서정연하게 화학반응을 일으키고 있기 때문입니다.(박주영 역, 인간유전자 100) 그 화학반응 중에서 가장 중요한 것이 바로 에너지를 만드는 것인데, 그 에너지의 기본 물질인 포도당은 수소원자 12개, 산소원자 6개, 탄소원자 6개가 결합해서 생긴답니다.

그리고 사람의 몸은 세포로 만들어졌고, 세포의 약 90%가 단백질이며, 단백질은 주로 수소, 산소, 탄소, 질소의 결합으로 만들어지는데, 이 모든 작용과 진화과정은 다 저희 양자들의 힘과 정보로 가능하게 됩니다.

미리 말씀드리지만, 몸의 세포는 피부, 손톱, 머리카락, 눈동자 등이 서로 다릅니다. 그것은 단백질의 단위인 아미노산의 연결방법이 서로 다르기 때문이랍니다. 또한 그 아미노산의 연결방법은 유전자(DNA)가 결정하는데, 유전자는 수소, 산소, 탄소, 질소, 칼슘, 인, 철, 아연으로 구성되어있고, 그 중에도 수소와 산소가 가장 많아 사람을 물통이라고도 하지요.

숨차시지요? 일단은 여기까지만 할게요. 이 모든 과정을 처음부터 끝까지 다 알기 때문에 제가 부모의 생각에서 출발해 아주 홀

DNA의 결정에 따라 사람은 다 다르다

룡한 인재가 되는 전 과정을 자세하게 말씀 드릴 수 있는 것입니다.

사람이 되는 최초의 세포가 바로 정(精)세포이고, 저는 그 정세포가 생기게 하는 작은 양자(쿼크)에 불과합니다. 제가 지금 이렇게 말을 하니 쉽게 들리지만, 저희들은 대단한 활동을 하면서 서로 모이고, 상위의 기능으로 업그레이드되며, 완전한 독립적 개체가 될 때까지는 대단히 엄격한 원리원칙을 준수하고 있답니다. 그 원리원칙이란 표와 같습니다.

이렇게 저희는 그냥 있는 것이 아니라 반드시 유익한 목적활동을 하며, 그 과정에서 이웃을 돕고, 기여하는 것을 원칙으로 합니다. 세상의 모든 자연 질서가 아주 정연하고 정확한 것은 저희들이 이러한 원리원칙을 철저하게 지키기 때문입니다.

하여간 저는 엄마 아빠의 간절한 부름을 받고, 불과 5일 전에 아빠를 떠나 엄마 품으로 들어간 정세포를 이룬 양자입니다. 수 천 년 간 축적된 어마어마한 유전정보를 가진 정말 대단 한 장수지요.

표 1. 미립자의 기본 준수사항

미립자가 준수할 기본원칙
• 반드시 유익하고 선한 목적을 위해 모이고 더 발달한다.
• 항상 이웃을 도와 함께 존재하고 발달한다.
• 만약 상처가 나거나 일부 손상이 되면, 즉시 복구 시스템을 가동하여 복구하며, 이때 이웃은 전적으로 돕는다.
• 만약 복구가 안 되면 전체 목적 달성과 주위의 기여에 부족함이 없이 복제한다.
• 이 원칙을 지키는 것이 바로 제 1의 사명이다.

희생 없이 이루어진 것은 없다!

저는 거기서 엄마의 난세포를 만났습니다. 천신만고 끝에 만난 기쁨이야 말로 다 못해요.

  그건 천천히 말씀 드리기로 하고 일단은 좀 더 나가야 궁금증이 풀릴 것 같네요. 제가 난세포를 만나 서로 결합되는 것을 사람들은 수정이라고 하더군요. 말이 쉬워 수정이지 정말 장난이 아니더라고요. 그 힘든 여행을 두 번은 못하겠습니다. 3억이 넘는 저의 동료가 중도에서 희생되며 저의 진행을 도왔습니다. 죽음으로 원칙을 고수한 거지요! 정말 갸륵해요! 중도에서 희생되지 않은 2백여 명도 끝내 뜻을 못 이루고 저의 승리를 축하하며 장렬하게 운명을 다했습니다.
  이제 저는 수정 후 또 5일간이나 여행을 한 끝에 겨우 떠돌이 신세를 면하고 살 집을 마련했습니다. 사람들은 그것을 착상이라고 하더군요. 일단 착상이 되었으니 인생의 일 단계는 성공이라고 자

만물은 항상 서로 돕는다

축하며 파티를 열었습니다. 제가 그 자리에서 그동안 저를 위해 희생한 동료들을 생각하며 진심으로 감사의 인사를 전했더니 온 우주의 양자들이 다 환호 하더군요!

그 동안 복제하고 조직하는 등 참으로 왕성한 활동을 하느라 진땀은 좀 났어도 참 즐거웠어요! 그러니까 제가 이런 얘기를 하는 것은, 비록 1년도 채 안되지만 제가 살아갈 집을 엄마의 자궁에 지었기 때문에 이제 겨우 한숨 돌렸다는 의미입니다. 이제 엄마가 주는 양식을 먹을 테지만 그동안은 난세포가 싣고 온 식량으로 너끈히 버틸 수 있어서 참 고마웠습니다.

이제 막 집을 마련했으니, 아직 집안 정리도 덜 되었습니다. 말로는 완전히 정착되는데 8주나 걸린다니 느긋하게 가야지요.

1개월간 원하는 아이의 구체적 설계서를 만들어요!

양자야! 네 말은 "사교육비 걱정 없고, 돌보는 것은 국가가 도와주니, 생식기능을 왕성하게 해서 많이 낳되, 아이의 최종모습부터 구체적으로 그려놓고, 그대로 되도록 하라는 생뚱맞은 소린데, 정말 그런 말 처음 듣는다. 뭘 어떻게 하는지 구체적으로 안내 좀 해라. 적어도 내 상식에는 그런 아이가 생기도록 설계하라는 말을 하는 사람도 없었지만, 그것을 구체적으로 가르쳐 주는 데는 아무 데도 없더라. 내가 괜히 네게 투정하겠니?"

와~ 드디어 제 말에 관심을 보이기 시작하셨네요. 정말 감사해요! 어렵거나 복잡한 것이 전혀 없어요. 그냥 한 단계씩 제가 안내하는 대로 따라오면 되고, 딱 6개월만 집중해서 부부가 원하는 참 좋은 아이와 삶의 즐거움을 누리시면 됩니다.

제가 안내하는 방법은 특별한 기술이 아니라 정상인이면 누구나 부담 없이 실천할 수 있어요. 특별한 학벌이나 기술, 돈이나 권력도 다 필요 없어요. 굳이 부담이라면 술, 담배, 마약 삼가하고, 거짓말 등의 나쁜 짓을 안 하며 건실하게 생활하는 정도라고 할까요.

하늘은 자연설계 사람은 조형물 설계

앞에서 전체를 단계별로 그린 그림을 한 번 더 보실래요? 첫 단계는 구체적인 이미지를 그리는 설계단계입니다. 제가 설계 또는 디자인이란 말을 쓰지만, 여러분이 설계나 디자인을 전공 안 했어도 상관없어요. 그런 전문적인 설계나 디자인이 아니라, 그 활동을 그렇게 부른 것뿐입니다.

어쨌든 이런 설계에 따라 제가 우주공간에서 불려왔습니다. 그림의 맨 위에 보면 "아이의 고유파동 생성"이란 말이 있지요? 이 설계도에 있는 특성요소가 다 고유의 파동(쿼크수준 입자)이고, 그 파동과 일치하는 파동이 모여서 완전한 모습이 됩니다. 그러니까 설계도가 없으면 어떤 파동, 어떤 양자가 와야 될지 몰라 정말 막연하겠지요.

완전한 사람의 기본특성, 외모, 기여분야를 갖춰요!

지금 우리는 미래 사람을 디자인합니다. 아이가 어떤 특성을 가지고 무슨 전문가로 성장하여 세상에 어떤 기여를 하고 살 것인지, 아이의 행복과 부모의 꿈과 아이를 보내줄 하늘의 뜻과 목적을 순차적으로 생각하는 것이지요.

대체로 사람은 의도적인 노력에 따라, 한 세대씩 내려갈수록 보다 더 세련되고, 보다 더 부가가치가 큰일을 하도록 발전되는 경향이 있답니다. 심지어 평균 아이큐가 더 높아진다고 해요! 개인이나 사회가 더 발전하기를 소원한다면, 그런 아이들이 태어나도록 디자인해서 생기게 하는 것이 바람직하겠지요.

그것을 위한 가장 좋은 방법이 바로 "임신 전 아이 디자인"이라고 봅니다. 저희 양자가 동원되면 당대에 충분히 세계 최고가 될 수도 있고, 가난과 무지와 천박함을 벗어나 초일류 세대로 되는 가장 확실한 제일의 요령이 바로 임신 전 아이 디자인이라는 것이지요. 이 작업 기간은 대체로 1개월 정도면 됩니다. 처음에는 막연하지만 원하는 요소를 하나씩 균형 잡아넣으면 이미 앞에서 보여드린 것과 같이 상당히 구체화 되거든요.

사람은 보이는 신체보다 보이지 않는 정신과 영혼이 중요하므로 그것을 결정하는 것이 우선입니다. 사람이 가져야 할 특성

본 되는 사람

은 이성, 영성, 자율성, 도덕성, 인격성, 공동체성만 제대로 갖추면, 언제 어떤 사회에서도 충분히 사람 구실을 제대로 잘 할 수 있습니다 (김상복, 잃어버린 왕좌).

기본요소 충족

아주 작은 쿼크에서 완전한 사람이 되기까지 생명체의 생성과정은 순전히 이 특성에 맞게 추진되었습니다. 이것이 원래 사람에게 부여된 6대 특성이고, 여기에다 건강의 균형요소 4가지만 포함하면 기본요소는 충족되는 것이지요. 이제 각각의 요소를 구체적으로 살펴봅니다.

이성이 탁월한 사람으로 정해요!

사람에게는 생각할 수 있는 능력, 즉 혼자 추리하고 판단할 수 있는 능력이 있습니다. 스스로 독특한 것을 고안하고 창조하며 만들어낼 수 있다는 말이지요. 창조할 수 없는 사람은 이성적 특성이 모자랍니다.

영성이 가득한 사람이 제일 성공적입니다!

사람은 영적인 존재이기 때문에 영적인 것이나 영원한 것을 사모하며, 실제로 영원하다는 것이 양자물리학의 주장입니다. 최초에 조물주가 사람의 마음에다 영원을 사모하는 마음을 넣어 두었기 때문에, 인간은 자신의 한계를 넘는 것을 추구하거나 절대적 존재

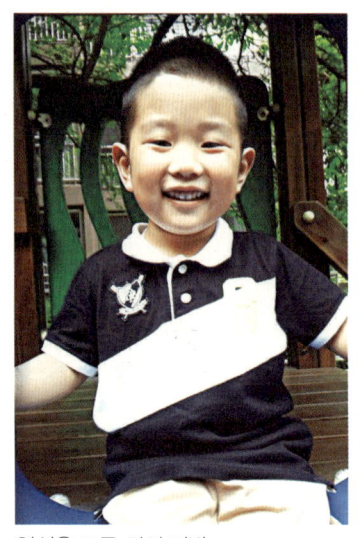
영성은 모든 것의 기반

를 발견해야 인간답게 살 수 있답니다.

이것도 기본 욕구처럼 진행하는 파동과 같아요. 이 파동에너지를 사람이 억제할 수는 없거든요. 양자의학은 영원을 사모하는 마음이 충족되어야 안정과 평화를 더 강하게 느낄 수 있답니다. 즉 우주의 모든 자원과 에너지를 자유자재로 활용할 수 있는 탁월한 사람이 되려면 반드시 영성이 탁월해야 되는데, 그러기 위해서는 무조건적 사랑을 실천하라고 권해요.

도덕적 수준이 높은 사람이 좋습니다!

사람의 도덕성이나 이타심은 음식과 성에 반응하는 뇌 부위와 같은 곳에서 반응한다는 사실을 미국국립보건소의 뇌 영상연구에서 확인했답니다(이정모, 인간과 우주에 대해 아주 조금밖에 모르는 것들). 이것은 도덕성이 후천적으로 습득하는 문화적 산물이 아니라, 사람이 생길 때 아예 뇌 속에 심어진 것이라는 의미이지요. 이처럼 사람이 생길 때 가지는 특성이 바로 이성, 영성, 도덕성, 자율성, 인격성, 공동체성이라고 합니다. 저희 양자들은 이미 그것을 다 알고 얘기하는데 사람들은 잘 안 믿어요.

본성인데도 덜 도덕적인 사람은 그 본성을 실행하지 않고 억누르고 있기 때문이랍니다. 사람은 선악을 구별할 수 있고, 대부분

악을 행하면 그와 동시에 가책을 느끼지요. 비
록 순간적으로 나쁜 마음을 가지고 저지른
잘못도 곧 가책을 받고 뉘우칩니다.

양자의학에 의하면 이것은 개인의
양심의 문제가 아니라 완전한 자연현상
이래요. 개인이나 집단은 물론 사회나
국가도 도덕적 수준이 낮으면 경쟁력도
낮은 것이 21세기 사회의 특징입니다.

도덕성은 본능

철저히 자율적인 사람이 되어야 경쟁력이 있어요!

사람은 스스로 생각하고 결정하는 능력이 있고, 온 몸이 생명
체의 본래 기능처럼 완전자동입니다. 사람은 신체, 정신, 정서 등이
모두 자율적이라 스스로 선택하고 행동할 수 있으며, 자율을 침해
당할 때 가장 강하게 저항합니다. 우수한 사람들은 언제나 자율성
도 강하기 마련이지요. 사람은 원래 "초 고정밀전자동"이거든요.
사람은 우주에서 최고로 정밀한 완전 자동체이므로 성장하는 과정
에서는 물론, 아예 설계부터 그렇게 해야 바람직하지요!

고상한 인격적인 사람이 되어야 존경 받아요!

사람은 인격적 존재로 누구나 다 서로 대등하며 독립적이라
서, 서로 관계를 맺거나 사귀기도 하며 우주의 주관자와도 사귈 수
있습니다. 인격적이란 말은 서로 존중하며 존중받는 상호관계라고
도 할 수 있습니다.

공동체성을 실천하는 사람이 사회적 성공인 입니다!

조물주가 사람을 만들 때 보여준 모델이 바로 공동 작업이지요. 사람은 때때로 혼자 하면 쉬울 것을 더불어 하느라 시간이 지체되거나 심지어 품질이 떨어지는 경우도 있습니다. 그러나 사람의 기본 특성에 아예 공동체성이 있기 때문에, 다른 사람과 더불어 살고 일하는 것은 자연이 준 숙명입니다.

가정이 바로 기본 모델이잖아요. 예를 들어 수소가 아무리 많아도 수소만으로는 물이 안 되지요. 그러나 수소원자 두 개에 산소원자 하나만 더하면 물이 되듯이 반드시 다른 사람과 합해야 더 크고 새로운 일을 할 수 있어요. 아이를 디자인할 때 처음부터 이런 특성을 기본적으로 충분히 갖도록 마음으로 명령하고 문서로 구체화해야 됩니다. 마치 컴퓨터의 불변 값처럼 그렇게 설정하면 반드시 그렇게 된답니다.

여러 사람의 모임과 작품

4가지 균형요소가 건강한 사람으로 그려요!

　『성공하는 사람들의 일곱 가지 습관』을 쓴 스티븐 코비는 그의 책, 『여덟 번째 습관』에서 사람의 정상적인 활동의 가장 중요한 바탕이 영성이라면서 다음과 같이 썼습니다.

　〈건전한 사람은 신체, 지성, 감성, 영성이라는 4개의 사고체제(Paradigm)를 가져서, 충족할 기본욕구도 신체·정신·정서·영적 욕구 4가지다. 이런 사람들은 일하는 동안에도 전인으로 대접받아야 되는데, 신체적으로 먹고 살 수 있고, 정상적 정신활동을 할 수 있으며, 정서적으로 안정감을 가질 수 있고, 영성 발휘에 편안해야 된다. 또 사람은 4가지 지능을 가졌는데, 신체적 지능과 정신적 지능과 감성(정서)적 지능 및 영적 지능이다. 그리고 사람이 갖는 기본적 4가지 속성은 신체·정신·정서·영적 속성이며, 힘찬 삶을 영위하기 위해서는 이 4가지가 다 충족되고 잘 통합되어야

균형요소를 다 갖춰야 아름다워

한다.〉

그 대표적인 인물이 바로 바이블 속의 예수였지요. 성인이 된 예수의 삶을 보더라도 "이성과 영성과 도덕성과 자율성 및 인격"에서 전혀 부족함이 없었거든요. 그렇다면 "임신 전 아이를 디자인"할 때 이런 특성을 잘 갖춘 사람으로 설계해야 균형 건강이지요.

신체적 특성도 확정해야지요?

• 신체적 특성과 외모의 갖춤 : "외모로 사람을 판단하지 말라"는 말이 있긴 해도, 역시 "보기 좋은 떡이 먹기도 좋다"는 말도 있으니 무시할 수는 없어요. 또 하나 고려할 것은 갈수록 점점 더 외모로 사람을 평가하는 경향이 강해지고 있으며, 향후에는 거의 한 순간에 사람을 평가하게 되므로 루키즘(외모를 근거로 한 편견이나 차별)이 더 득세하게 될 것입니다.

자신이 다른 사람을 외모로 평가하는 것은 삼가 하더라도 자기 자신의 외모를 좋게 하는 것은 역시 스스로 해야 하잖아요? 미인계는 영원히 통하는 자연법칙이기 때문에 악용하는 것은 바람직하지 않지만, 굳이 내가 미인 되기를 거부할 필요는 없겠지요.

• 성별 : 원래 성별을 자유자재로 선택할 수 있는 것이 아니라고 생각하지만, 가문의 필요에 따라 선택하고 그렇게 요구하며 준비할 수도

외양도 중요하다

있을 겁니다. 자료에 따르면 남아와 여아의 수태를 위한 준비가 다소 차이가 있어 보이므로, 미리 정해두고 원하는 것이 바람직 하다고 봅니다.

- 8등신의 균형(머리에서 발끝까지 8등분)
- 얼굴의 아름다움과 균형(동서양, 남녀별로 연구한 결과가 많이 있음)
- 신장 175cm 이상 등, 또는 엄마 아빠 중 큰 사람 + 3cm(다만 특별 한 경우가 아닌 한 너무 크지 않은 것이 좋을 듯)
- 피부, 모발, 목소리 등으로 생각할 수 있겠지요.
- 태명 : 큰 의미를 두고 지어도 되고 그냥 부르기 쉽게 해도 좋지 만, 처음부터 생후에 쓸 이름으로 하는 것이 더 좋을 것 같아요. 디자인이 확정되면 그 때부터 준비기간은 물론 생후 새 이름을 지을 때까지 계속 써야 하므로 좋은 의미가 있는 것으로 하되, 디자인 된 아이의 특성을 나타낼 수 있는 이름이 그 아이를 구체

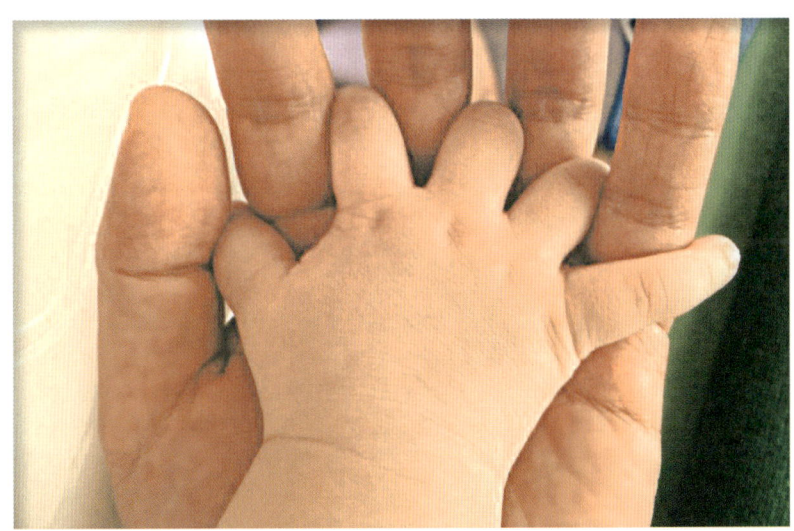

닮은 손, 기본 설정은 필수

화하는데 훨씬 더 유리할 겁니다.

가장 좋은 최선의 결합을 이루어요!

아빠와 엄마, 그리고 선조 들이 가졌던 재능이나 성품 등 특별히 유전되기를 바라는 것을 골라서 나열하고 그것이 결합되게 해요.

- 아빠 쪽 : 중고교까지 학교 응원단장으로 봉사했음
- 엄마 쪽 : 초등학교 4년부터 고교까지 발레 했음
- 아빠의 조상 : 세계 여행 전문가로 세계를 잘 아심
- 엄마의 조상 : 웅변 전문가, 우표 수집가

반드시 제거되어야 할 유전적 특성을 지워요!

신체적 질병이나 기질 중에서 유전되지 않기를 바라는 것을 기록해 제거하는 것이 좋아요. 학문적 주장은 "좋은 것은 영원히 유

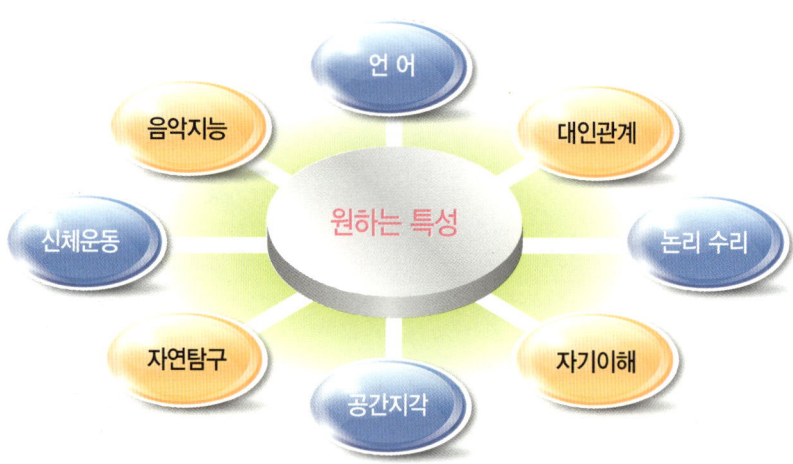

가드너의 8 다중지능

미래 대응 형 사람들의 작품

전되지만, 나쁜 것은 3, 4대로 끝난다!"고 합니다.

절실히 원하는 특성을 포함해요!

재능이나 성격 중에서 꼭 바라는 특성을 갖게 하는 것이 훨씬 좋지요. 재능분야는 가드너가 제시하는 8대 다중지능 중에서 선택할 수도 있을 겁니다. 언어, 논리 수리, 공간지각, 신체운동, 음악적 지능, 대인관계, 자기이해, 자연탐구 등인데, 이를 다 가지면 가장 좋겠지만 이미 부모의 특성 중에서 좋은 것을 받을 것이므로 충돌은 피하는 것이 바람직하며, 두 사람의 특성과 합해서 더 탁월하게 하는 것이 훨씬 더 좋을 것입니다.

여기서 특별히 유의해야 될 것은, 미래에 아이가 사용해야 할 외국어 하나쯤은 가지고 놀게 하는 것도 좋겠지요? 아이가 사용하

온 사람136-1 설계 개발 **35**

는 언어는 따로 설정하든 안하든 태중에서부터 들었던 언어가 쉽게 습득된다는 증거가 있으므로, 외국어 중 영어를 기본으로 하고 그의 미래에 필요한 것을 추가하면 되지요. 예를 들어 성악을 전공하러 이태리나 독일로 가야 된다면 그 나라 말을 추가하고, 발레나 체조를 배우기 위해 러시아에 가야 된다면 그 나라 말을 추가하는 식으로 말입니다.

미래 사회에 절실히 필요한 사람(분야)으로 해요!

미래, 즉 그 아이가 성장했을 때, 더 유망하거나 특별한 분야로 진출시키고 싶다면, 그것도 고려하여 아예 그 분야의 재능을 타고날 수 있게 하는 것이 당연하지요. 지금의 사회와는 다른 미래 사회의 전문성을 미래학자들이 연구한 것이 있으며, 대체로 사람들이 꿈꾸는 것은 이루어지므로, 미래에 대한 소원을 그려보는 것도 이 단계에서 필요합니다.

여기서도 사람이 구상하고 확인하는 것은 한계가 있으므로, 우주적 지성 또는 절대자에게 그 아이를 사회에 필요한 인물로 디자인해달라고 간구하는 것이 안전할 것입니다.

디자인 작업

일단 부부 또는 조부모까지 함께 모여 미래에 키우고 싶은 아이의 모습에 대해 서로 진지하게 견해를 나누고 공유하며 특정한 모습을 확정합니다. 기본 특성과 건강 균형요소, 반드시 포함시킬 것과 반드시 제거 시킬 것, 독특한 재능 등을 구체적으로 나열한 후, 조목조목 그 내용을 적고 이름까지 결정한 후에, 부모는 늘 그 아이에 대해 생각하면서 머리에 구체적으로 상이 잡힐 때까지 이름도 불러보고 이미지를 그려보는 것입니다.

그와 나누고 싶은 대화도 해보고 즐거운 장면을 그리기도 하며 아주 좋은 체험을 하면서 환호하는 것도 그려보는 것이지요. 그러기를 반복하면 틀림없이 그 아이가 분명히 머리에 그려지고, 심지어는 엄마나 아빠를 부르며 웃는 얼굴로 달려오는 모습도 보여요.

디자인 한 아름다운 집

삶은 디자인 계속

　　이렇게 3주 쯤 생각하고 검토하여 다듬은 후에 구체적인 설계
내용이 만족스러우면 그것으로 확정하면 됩니다. 그러니까 최초에
시작해서 마칠 때까지 대략 1개월 정도면 사랑하는 부부나 또는 웃
어른들까지도 함께 마음을 합하여 아름다운 다음 세대를 디자인하
는 작업을 마칠 수 있는 것이지요. 이는 정말로 행복한 순간입니다.
사랑이 없으면 이 작업은 결코 할 수 없습니다. 그래서 사랑이 가득
한 집에서 천재가 난다는 말이 있지 않을까요?

디자인 완성(완성된 설계도)

이제 완성된 설계도를 완전한 문서로 만들어 보관도 하고 당장 활용하기도 해야 됩니다. 부부가 자식의 구체적인 설계도를 글로 쓰고 그림도 그려서 표지도 만들고 구체적인 스펙을 명확하게 숫자로 표시하기도 합니다. 표지에는 "우리의 사랑하는 천재 OO의 설계도"라고 쓰면 좋겠지요. 그리고 마지막 쪽에는 엄마 아빠의 소원과 아이에게 전하는 환영사 및 첫 만남 인사를 추가하고 일정을 기입한 후에 서명해두면 끝납니다.

이제 이 자료를 2부 만들어 한 부는 잘 보관하고 한 부는 매일 보면서 아이와 대화도 하고, 그런 아이가 생기는데 필요한 원재료를 준비하는데 참고해야 합니다. DNA도 완성되어야 하고 아미노산도 충분히 생성되어야 하며, 또한 원재료에 포함될 단백질도 아주 양질로 준비해야 하지요.

또 아이가 태어나 자라서 자율적 판단이 가능할 때 그 디자인 자료를 보여주면, 그것을 보는 아이가 스스로 그렇게, 또는 더 낫게 살도록 노력할 것이고, 엄마 아빠가 그렇게 준비한 것을 알면 크게 감동할 것입니다.

감동이 목적이 아니라 그런 모습으로 자라는 것이 목적이므로, 이 작업은 확실히 가문에서는 새로운 세대가 태어나고, 한 사회와 국가로는 새로운 역사가 시작되는 계기가 되기도 할 것이며, 전 인류가 새로워지는 기회가 열리기도 할 것입니다.

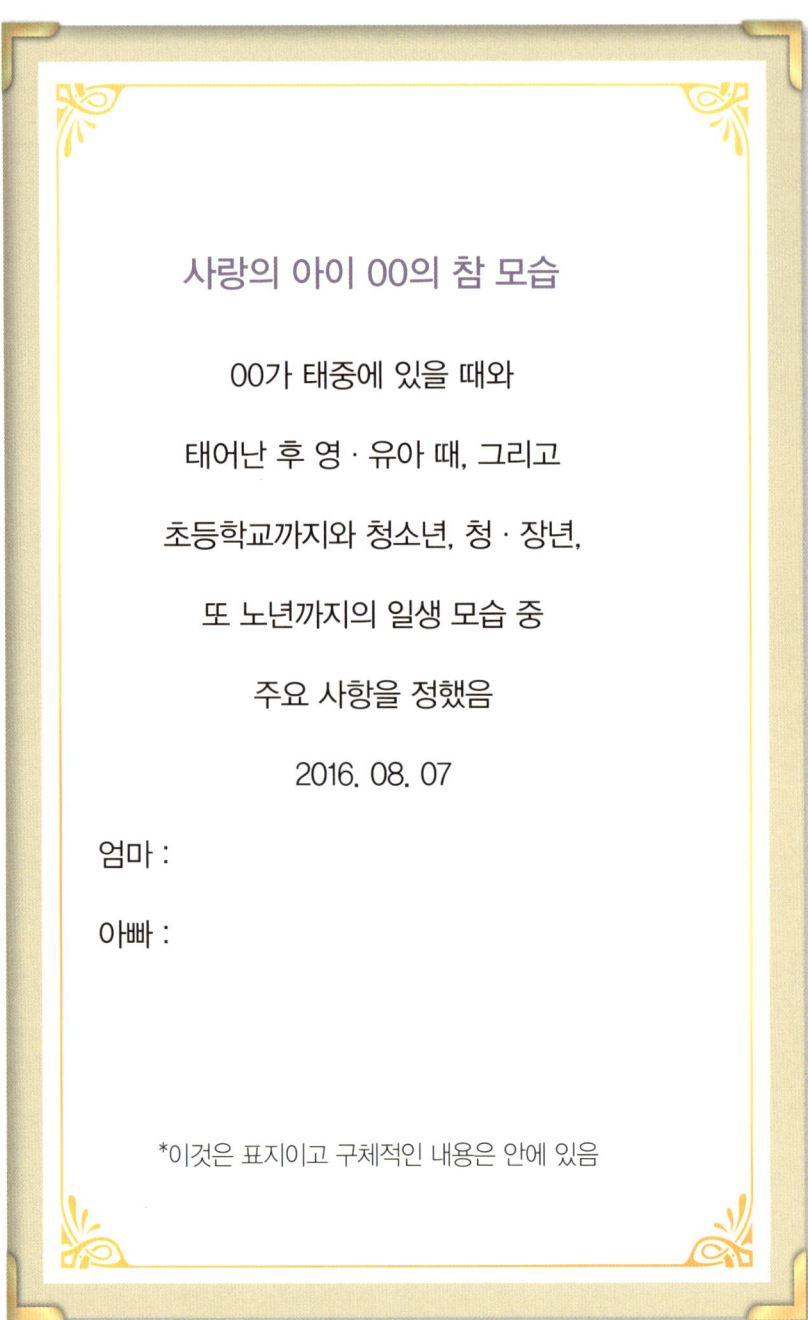

사랑의 아이 00의 참 모습

00가 태중에 있을 때와

태어난 후 영 · 유아 때, 그리고

초등학교까지와 청소년, 청 · 장년,

또 노년까지의 일생 모습 중

주요 사항을 정했음

2016. 08. 07

엄마 :

아빠 :

*이것은 표지이고 구체적인 내용은 안에 있음

아이 설계서

3개월간 최고의 씨앗과 옥토를 준비하셔야 됩니다

유전자를 맘대로 하십시오!

한국인의 조상들은 임신하기 전에 100일 기도를 하면서 치성을 드렸다면서요? 그런데 왜 200일이나 300일이 아니고 100일일까요? 그것은 바로 남자의 정자 생성기간이 100일이기 때문입니다. 최단67일에서 최장 150일 정도지만, 대체로 3개월이면 완전히

치성은 마음으로 결정을 만드는 것

새로운 정자로 꽉 찬답니다. 그래서 탁월한 새 생명을 싹틔울 건강한 씨앗을 개발하기 위해서는 줄잡아 3개월이면 충분하답니다.

한국인의 조상들은 남자가 정자를 개발하는 동안 여자는 정성을 다해 치성을 드리면서, 음양이 조화를 이루도록 하여 탁월한 새 생명을 기대했다고 합니다. 그런데 참으로 묘한 것은 한국 조상들의 그런 실천과 당부가, 지금의 양자의학과 후생유전학의 주장과 일치한다는 것입니다.

바로 그 기간에 음식과 운동과 정신활동으로 아주 건전한 새 생명의 씨앗을 개발할 수 있다는 것이 현대 후생유전학의 주장입니다. 조상님들이 지혜로 실천한 것을 오늘의 과학이 증명해주는 격이니, 이 놀라운 진실을 진지하게 실천해야하는 것은 당연하지요. 저는 양자지만 한국인이 참 자랑스러워요!

유전자는 선천적으로 타고 나지만 그 선천적인 유전자의 구조가 제 기능을 발휘(히스톤에 아세칠기의 부착여부, DNA에 메칠기의 부착

동식물은 못 바꾸지만 사람은 체질도 자유자재로 바꿔

여부)하는가 는 순전히 생활습관에 달렸거든요. 예를 들면, 선천적인 유전자구조는 컴퓨터의 하드웨어와 소프트웨어와 같고, 출생 후 소프트웨어는 생활습관에 의하여 새로운 프로그램을 추가하거나 삭제하는 것과 같답니다. 그리고 출생 후 소프트웨어의 추가나 삭제는 컴퓨터를 조작하는 바로 "나"자신이므로, 생활습관을 바꾸면 변질되었던 유전자기능이 정상으로 회복될 수 있답니다.

이제 "나"는 유전자라는 컴퓨터 앞에 앉았습니다. 이 컴퓨터를 조작하는 것은 순전히 "나"에게 달렸지요! 나의 생활습관은 오로지 나의 선택이고 나의 실천입니다. 즉, 나의 유전자라는 컴퓨터는 내가 조작하는 것이므로 내 맘대로 할 수 있는 것입니다.

먹고, 자고, 숨쉬고, 위산을 분비하고, 손상된 세포를 고치고 새로운 세포를 키우며, 독성을 순화시키고, 호르몬의 균형을 유지하고, 지방을 혈당으로 바꾸고 하는 생리현상을 배후에서 조절하는 것이 바로 자신이란 말이지요. 유전자의 자연치유력도 당연히 자신

음식 운동 생각은 생활습관으로

의 생활습관이 배후에서 조절하는 것입니다.

저희 양자는 순전히 "나"라는 사람의 생각대로 활동하니까 저희들을 명령하여 유전자도 맘대로 조종하십시오! 양자의 간절한 부탁입니다. 그래서 늙은 세포는 젊은 세포로 바뀌는데, 지방세포는 3주마다, 위벽은 5일, 후각세포는 4주, 피부는 5주, 적혈구는 2~3개월, 그리고 머리뼈는 3개월마다 새롭게 교체된답니다. 결국 해마다 몸 전체 원자수의 98%가 완전히 교체되는 셈이지요.(강길전, 양자의학)

생명의 씨앗인 정자에는 신체적인 요인은 물론, 정신적인 면과 인격적인 면까지 다 포함되기 때문에 좀 더 정교하게 접근해야 좋다는 겁니다. 한국 조상들은 아예 100일 기도를 했고 공자의 아버지 역시 그렇게 했다고 하니, 임신을 위한 100일 기도는 역사가 길고 이미 검증된 것이므로 그냥 적용하면 되겠습니다.

그 효과는 양자인 제가 보증하지요! 제가 모든 물질의 근원이니까 저희들이 움직이면 세상에 불가능한 것은 전혀 없어요! 요즘은 환경오염 때문에 건강하지 않은 정자와 난자, 심지어 양수와 탯줄까지 오염되어 태아기는 물론 일생의 건강에 악영향을 미치기도

신체적인 면

정신적인 면

정자는 신체 정신 양면을 다 포함함

표준을 정해놓고 실천하는 것이 안전

한다니 정말 조심해야겠지요.

　이런 환경에서 사람들은 어떤 모델을 적용하여 건강한 새 생명 씨앗을 만들 수 있을지 진지하게 생각해봐야 됩니다. 왜냐하면 사람의 건강은 주로 섭생(일상의 식사)과 운동과 마음에 달렸기 때문이지요. 대부분의 사람들은 평범한 생활인이므로 산속에서 수도할 수도 없으니, 스스로 쉽게 적용할 모델을 실천하는 게 최선일 겁니다.

　그러므로 이제 최소 5개월 정도 수행해야 할 음식과 운동 및 생각의 표준을 만들고 실천해 보시기를 권합니다. 거창한 계획이나 시설 또는 금전적 투자를 요하는 것이 아니라, 일상생활에서 난잡하거나 방탕하지 않고 자신의 일을 정상으로 수행하면서, 잉태되기를 바라는 아이에게 초점을 맞춰 몸과 마음을 집중시키는 것만 고수하면, 그런 아이가 생길 원재료는 완벽하게 준비된 것입니다.

　새 생명체를 만들 씨앗을 개발하는 단계이니, 양자의학에서 관련사항을 더 알고 가는 것이 좋을 것 같아 본질적인 것을 좀 더 말씀 드리겠습니다.

우선 생명체의 기본 재료는 단백질이고, 이 단백질은 20가지나 되는 아미노산에 의해 결정되며, 아미노산의 결합은 DNA(유전자)에 설계되어 있는 신호에 따라 결정됩니다. 그래서 DNA를 모든 생명체 각각에 대한 설계도라고 해요. 양자의학과 후생유전학에 의하면, DNA의 발현은 여러 요인의 영향을 받는데, 그 중 가장 크게 영향을 미치는 것이 "생활습관"이라는 점을 확인해 주었지요.

그리고 그 생활습관은 "음식과 운동과 생각"이 핵심인데, 무엇보다 사람의 생각이 배후에서 DNA발현에 가장 많이 영향을 미치므로, 사람의 생각이 생명체의 기본설계도인 DNA작용에 실제 내용을 채워요.

그렇다면 후손을 결정하는 설계도에 내용을 채우는 1차 책임은 순전히 부모에게 있는 셈이지요. 그것도 아버지에게 훨씬 더 크게요. 그것은 원래 조물주가 사람을 만들 때 설계한 기능을 부모가

이렇게 설계할 수도

대행하기 때문이랍니다.

　이를 다시 정리하면 "한 생명은 단백질로 구성되고, 단백질은 아미노산의 결합에 따라 결정되며, 아미노산의 배열과 결합은 DNA의 신호에 따라 결정되는데, 그 생명의 설계도인 DNA는 물질이지만 사람의 생각에 크게 영향을 받으므로, 사람의 선천적 됨됨이는 절대적으로 부모의 정신적 영향에 의해 결정된다!"고 합니다.

　그래서 순전히 엄마 아빠의 생각이 다음 세대의 우수성을 결정하기 때문에 그것을 실천하여 저를 불러낸 것이랍니다. 그렇다면 정말로 우수하고 탁월한 다음 세대를 일으키기 위해서 부모가 무엇을 어떻게 해야 할까요?

　염려 마십시오! 제가 그 때문에 불려 와서 이렇게 열변을 토하고 있으니까요. 부모가 DNA 발현에 절대적인 영향을 미치며 부모의 생각에 따라 자식의 품질이 결정되므로, 대략 임신 6개월 전부터 특별한 계획을 하고 그것을 실천하면 됩니다.

　그 실천사항이 바로 앞에서 본 그림 후손의 DNA 설계 개발 과정 모형입니다. 거기 나온 부부소원의 파동과 저의 파동이 일치되어 제가 우주에서 특별히 불려왔지요. 그럼 이제 어떻게 이것이 가능한지 한 단계씩 확인하며 실천해 보시겠어요?

　인간을 조절하는 중요한 인자는 유전자가 아니라 환경인자이고, 환경인자 중에서도 마음이 가장 중요하게 작용한다는 것이 후생유전학의 연구 결과지요. 위스콘신 의과대학 세포생물학자인 부르스 립튼에 의하면 유전자는 DNA속에 숨어 있고, DNA는 "조절 단백질"이라는 단백질로 둘러싸여 있으며, 유전자가 작동하려면 먼

같은 파동끼리 모임

저 DNA를 둘러싸고 있는 조절단백질부터 제거해야 되는데, "신호"가 DNA를 둘러싼 조절단백질과 상호작용하여 조절단백질 껍질을 벗기면 드디어 유전자 코드가 드러나게 된답니다.

　다시 말하면 이때 관여하는 신호에는 "분자 신호" 이외에도 "에너지 신호"가 있고, 마음도 에너지이므로 마음은 유전자를 조절하는 가장 강력한 요소가 된답니다. 세상만사 마음먹기란 말이 여기에도 통한다는 것은 양자인 제가 절대로 보증하니까 안심하고 그대로 따라하시면 돼요!

음식으로 씨앗을 개발해요!

음식과 영양이 후성유전인자에 미치는 영향은 다른 것보다 근원적이랍니다. 미네랄, 비타민, 지방산 등은 건강을 유지하는 유전자의 이중문을 쉽게 열 수 있고, "식물성 화학물질"도 후성유전인자에 영향을 미쳐, 건강유지 유전자의 이중문을 잘 열어 주지요. 생각이 그 사람이라는 말이 있고, 실제로 그렇기도 하지만, 물질적으로 보면 먹는 것이 그 사람이기도 하지요. 즉 그 사람의 세포가 무엇으로 채워졌는가에 따라, 몸은 물론 마음도 달라지기 때문입니다.

이제 앞에서 디자인한 사람을 만들 씨앗의 개발은 먼저 신체를 구성할 물질, 즉 영양으로 해야 됩니다. 우선 술이나 심한 중독성 식품과 오염된 인공음식물은 반드시 피해야 하지요! 그런데 실제로 물질이 물질이나 영양으로만 끝나는 것이 아니라 정신과 영혼에도 영향을 미치기 때문에 정말 조심해야 합니다. 두뇌는 결국 물

임진왜란 때 엄마들의 좋은 생각이 나라를 살림

질의 소산이므로 먹는 것을 식욕에만 맡기지 말고, 유지해야 할 신체의 활력과 맑은 정신에 맞춰야 된답니다.

일본의 한 조사에 의하면, 신체장애나 정박아 부모의 47%가 임신 전에 술, 담배, 마약의 경험이 있고, 무려 60% 엄마가 술과 담배 마약은 물론 문란한 성생활 경험까지 있는 사람들이었대요(노재욱). 먹거리나 기호로 즐긴 결과가 정박아도 낳고 신체장애도 낳게 된다니, 일상의 섭생이나 기호를 생각 없이 하거나 순간의 욕구에 끌리면 이래요.

식욕을 억제한 모델이라면 여기 대표적인 한 젊은이가 있습니다. 다니엘이란 이스라엘 사람이지요. 그는 파란만장한 청년초기를 보낸 후, 바빌론에 크게 기여했습니다. 그의 이야기를 살펴볼까요?

〈예루살렘을 정복한 바빌론 왕이 대신에게 "이스라엘 왕족과 귀족들의 자제 중에서, 흠 없이 잘 생기고 교육을 받아서 막히는 데가 없으며, 무슨 일에나 능숙하고 사리에 밝아 왕궁에서 일할 만한

채식 식단은 꽃처럼 사람을 활기차게 살린다!

젊은이들을 뽑아, 바빌론 말과 글을 가르치되, 그들에게 매일 궁중 요리와 술을 주면서, 앞으로 왕 앞에서 일할 수 있게 3년간 훈련을 시켜라"고 명령했습니다.

그러나 다니엘은 궁중 요리와 술보다 10일간 야채와 물만 먹고, 궁중 요리를 먹는 다른 젊은이들과 얼굴을 비교해본 후 대우해 달라고 청했습니다. 기름지고 부정한 궁중음식이 사람을 멍청하게 한다고 봤거든요. 그런데 열흘 뒤에 보니 그의 얼굴은 궁중 요리를 먹는 다른 젊은이들보다 살이 올라 보기에 더 좋았어요.

그래서 감독관은 그들에게 궁중음식과 술 대신 야채를 주었대요. 네 젊은이는 맑은 몸과 정신으로, 하늘의 도움으로 학습을 잘해서 전문 지식을 갖추었고, 그 중에서도 다니엘은 어떤 환상이나 꿈도 다 풀 수 있는 재능을 받았습니다.

내시부 대신이 그 젊은이들을 왕에게 데리고 가 이야기를 해보니 다니엘과 그의 세 친구들이 다른 사람들보다도 열 배나 더 지혜롭고 슬기롭게 대답하므로, 왕은 그들이 왕궁에서 일을 보게 하였답니다.〉

그들이 택한 식단이 왜 그렇게 효과가 좋았을까요? 양자인 제가 보기에는 그들이 정말로 지혜로운 선택을 했어요.

다니엘의 총명 식단

바이블에는 900세가 넘게 산 사람도 있지만, 겨우 180이나 120세로 단명한 사람도 있습니다. 원래 최초의 사람은 채소와 과일을 먹도록 되었는데, 사람들이 육식을 해서 수명이 짧아졌다고 합니다. 그러나 다니엘은 독특한 총명식단을 선택하여 총명과 장수를

여기 토끼가 뭘 먹고 건강할까?

누렸는데, 이런 식단의 효능도 이미 후생유전학이 다 증명한 것입니다.

그래서 어떤 이들은 식단을 바꾸면 무병장수할 수 있다고도 하며, 가능한 한 덜 가공된 자연식을 하는 것이 좋다는 주장도 있습니다. 또 요가에서는 "제철에, 햇볕을 바로 받고, 비를 직접 맞으며, 흙에 뿌리를 내리되 깊게 내린 것"이 가장 좋기 때문에, 현미에 제철 곡물과 과일 및 채소로 식단을 만들면 가장 대표적이고 안전한 자연식이 된다고 합니다.

일상의 식사가 중요한 것은 의식동원(醫食同源; 약과 음식의 근원이 같다)이기 때문인데, 제철에 난 식물이 인체의 세포와 가장 조화롭게 작용하므로 신체를 구성하는 세포 하나하나가 더 건강해지고 결국 전신이 더 건강해진다는 것이지요. 그 세포에 채워지는 물질이 어떤 것인가에 따라 힘과 정신에도 영향을 미치므로 가능한 한 독이 없는 자연 에너지가 들어가야 좋고, 그런 면에서 오염과 가공으로 인해 파괴가 덜 된 순수한 에너지가 좋다는 의미입니다.

생수와 야채가 신체적 건강은 물론 정신력도 더 높이는 것은 동일한 파동을 가진 양자들의 공명 때문이지요. 생수와 야채의 정결한 순수 양자가 자연공간에 있는 동일한 파동을 끌어오고, 이 우수하고 탁월한 양자가 전신 및 뇌 세포의 양자들과 공명을 일으켜 세포를 더 건강하게 합니다.

또 그로 인해 좋은 산소를 더 받아들이고 혈액순환을 더 촉진하기 때문에, 뇌 활동의 기억이나 추리 등의 정신력도 훨씬 더 활성화시키므로 사람이 더 총명할 수밖에 없습니다. 생수와 야채의 영양과 영향이란, 생수와 야채 안에 있는 순수한 미립자들이 몸 안에 있는 세포의 입자들과 일으키는 공명효과가 사람의 신체와 정신을 더 할 수 없이 건강하고 아름답게 하며, 본래의 기능을 훨씬 더 활성화시키는 것입니다.

현미를 즐겨요!

현미는 조리하기가 다소 까다롭고, 밥이 찰기가 없으며 꼬들꼬들해 먹기도 별로 좋지 않아서, 8시간 정도 물에 불려 부드럽게

우리 밀은 안전

건강에 기본으로 좋은 현미와 흑미

한 후 압력솥에 밥을 해야 좋대요. 그러나 맛을 들이면 계속 선호하게 된대요. 또한 현미의 속껍질에는 미네랄, 씨눈에는 지방성분이 있어 고소한 맛을 내므로 일주일만 계속 먹어도 익숙하게 된답니다.

　　현미는 자연식의 기본으로, 같은 쌀이지만 현미와 백미는 영양학에서 크게 차이가 나 아예 따로 다룬답니다. 둘은 탄수화물의 함량은 비슷하나 칼슘과 철과 치아민(비타민 B1)과 불포화지방산 등은 현미가 월등히 많고, 섬유질도 많아서 변비, 대장암, 담석 등을 예방하고, 체내 콜레스테롤, 고혈압, 당뇨를 낮추며, 심뇌혈관질환을 개선시키는 등, 현미는 포만감을 줘서 먹는 것을 자제시키므로 다이어트에도 좋답니다.

　　흔히 현미를 건강과 생명의 비밀을 품은 씨앗이라고 하므로, 새 생명창조에 절실히 필요한 씨앗을 만드는 음식이라고 할 수도 있겠습니다.

호두를 매일 75g씩 드시라는데요!

호두는 뇌 세포 활성화와 여러모로 건강에 유익하지만 특히 정자의 활력, 운동성, 모양을 개선한다는 연구결과를 미국 캘리포니아 대학의 웬디 로빈스(Wendy Robbins) 박사가 발표했습니다(사이언스 데일리). 호두는 정자의 성숙과 세포막의 기능에 중요한 영양소인 다가 불포화지방산을 많이 포함하고 있고, 정자의 염색체 이상도 줄이지요. 그런데 하루 섭취량을 75g으로 정한 이유는, 그 정도가 혈중 지방수치에 영향을 미치면서도 체중증가는 유발하지 않는 수준이기 때문이랍니다.

제발 제철의 것을 드십시오!

농촌진흥청의 연구덕택에 사철 딸기나 수박 참외 도마도 등을 먹을 수 있는 것이 산업측면에서는 아주 다행스럽지만, 영양이나 건강 측면에서는 별로 바람직하지는 않다고 합니다. 종자가 개량되

제철 채소

고 인공 환경에서 자랐기 때문에 제철에 난 것보다 모양이나 맛, 빛깔, 크기 등에서 더 좋게 보이지만 가장 중요한 영양과 에너지가 모자란다는 것이지요. 즉 사람에게 필요한 에너지가 모자란다는 의미입니다. 요가는 오히려 이것을 금하고 있으므로, 아이의 씨앗을 만들기 위해서는 제철의 것으로 한정하는 것이 절대로 좋습니다. 다니엘이 취한 행동을 보면 이 정도는 충분히 절제할 수 있어야 되겠지요! 이것은 뭔가를 아는 양자의 간절한 부탁입니다!

한 겨울에는 여름과 가을까지 나온 곡물과 야채 및 과일을 먹고, 봄부터 신선한 나물과 채소를 왕성하게 섭취하면 겨울에 부족했던 영양소도 충분히 보충할 수 있으며, 여름과 가을에는 항상 흙에 뿌리를 박고 제철에 직접 햇볕을 받으면서 자란 것을 먹을 수 있으니 그게 더 안전하지요.

피를 삼가 하십시오!

불가에서는 생선도 고기도 금하지요. 다른 사람이 그것을 즐

육식동물은 내장 길이가 짧다

기는 것이 심통이 나서 금한 것이 아니라, 사람의 건강을 위해서 그런 것입니다. 바이블에도 "모든 생물은 그 피가 생명과 일체라 어떤 육체의 피든지 먹지 말라. 모든 육체의 생명은 그것의 피 인즉 그 피를 먹는 모든 자는 끊어지리라"고 했습니다. 육식을 피하라는 것은 바로 이 피 때문인데, 동물이 죽을 때 스트레스를 받아 그 몸속에 독이 쌓이고, 그 고기를 먹으면 혈액이 속히 산성화되어 건강에 해롭기 때문에 금한 것입니다.

실제로 채식과 육식 중 사람에게 어느 것이 더 좋은지 알기 위해 우선 동물들의 창자길이를 확인해보면, 대체로 육식을 주로 하는 사자나 호랑이 늑대 등의 창자는 채식 동물들 창자의 절반 정도밖에 안 된다는군요.

그럼 채식성 동물이 육식을 하면 어떻게 될까요? 육식동물은 강력한 소화액이 분비되어 단 시간에 내장에 들어온 고기를 소화시켜 장내에 머무는 시간을 최소화 하는데, 채식동물은 육류가 장에 머무는 시간이 길어 독소를 흡수하는 부작용이 생긴답니다. 그런데

5색 채소와 과일을 먹어야

사람의 장 길이는 약 12m로 사자나 호랑이보다 배나 더 긴 것을 보면, 결국 사람의 장은 채식을 하도록 설계되었다는 것이지요.

술과 담배가 중독이 되듯 고기도 중독이 되면 피하기가 어렵고, 심지어 고기를 안 먹으면 영양이나 에너지가 부족해 힘을 못 쓴다고 생각하는 사람들도 있는데, 사실은 전혀 그렇지 않답니다. 예를 들어 요즘 병원에서 치료를 포기한 중병 환자들을 대체의학요법으로 완치시키는 경우가 종종 있는데, 그것은 유기농 생채 식으로 병을 고치는 거랍니다.

물을 가려 마시고요!

동의보감에서 허준은 약 다릴 물을 생기가 있는 아주 최상의 것을 선택했습니다. 사람의 몸은 75%가 물이라지요. 인체의 물은 과일이나 야채 등을 통해 흡수하기도 하지만 직접 물을 많이 마실 것을 권해요. 이제 마시는 물은 물론 조리하는 물도 주의해야 됩니다. 성인은 매일 2리터 정도를 마시면 좋다는데, 특히 씨앗 개발 기간에는 좋은 물을 많이 드십시오.

물은 각종 독을 풀어주고 여러 가지 호르몬과 영양소 등을 전달하며, 인체 내의 독소와 노폐물의 배출을 촉진하여 여러 질병을 예방하기도 하는데, 변비 예방과 치료에 특히 좋고, 그 외에도 감기나 식중독, 급성장염 등에 걸렸을 때에는 물을 많이 마셔야 탈수를 방지 할 수 있고, 대장 내의 독소를 희석시켜 빨리 배출하기 때문에 대장암 예방에도 좋답니다.

또 물만 많이 마셔도 삶에서 받는 스트레스나 우울함이 크게 줄어들고, 수험생이나 야근이 잦은 직장인들은 쉬는 시간에 봄을

최소한 물고기가 노는 물 이상이 좋다

풀어주며 물을 많이 마시면 쉬 풀린다고도 합니다. 그렇다면 좋은 물은 어떤 것일까요?

좋은 물의 기준에 대한 의견은 분분하나, 물 분자의 모양은 온도 등에 따라 달라지는데, 육각수가 몸에 좋다지만 물에 좋은 음악을 들려주면 결정이 아름다워지고 그 물을 마시면 건강해진대요.

의학적으로 좋은 물은 "인체에 해로운 병원균이 없고 깨끗한 것"인데, 음식의 분해, 소화, 흡수를 높이는 약알칼리성(pH7.5 정도)이 산성화한 물보다 좋고, 유해성분(중금속·농약 등)이 없고 미네랄 성분이 100mg/L 정도 함유된 것을 더 좋은 물이라고 합니다. 약알칼리성을 띠는 물은 사람 몸의 산성화를 막아 면역력을 강화시킨대요.

좋은 물이란 기본적인 좋은 물의 조건을 충족시키면서, 동시에 마시는 사람의 취향을 만족시키는 물이라고 할 수 있습니다. 또 물을 마시기 전에 물에 감사함을 표하면 양자공명에 의해 순간적으로 물이 몸에 훨씬 더 좋은 적합한 물로 변한다고 합니다.

엄마는 특히 자궁을 비옥하게 할 음식을 드셔야지요!

자궁은 커다란 지층과 같아서 어릴 때부터 무엇을 먹고 어떤 환경에서 자라느냐에 따라 자궁에 차곡차곡 그 상태가 기록돼요. 그러니 여성들은 요가에서 권하는 대로 제철에, 자연 환경에서, 흙에 뿌리를 박고, 비와 햇볕을 바로 받은 식물을 취해야 해요. 1년이나 6개월 정도는 반드시 자궁에 좋은 음식을 드시래요.

운동으로 좋은 씨앗을 개발해요!

동물에 속하는 인간에게 운동은 본능이고, 본능에 따라 살면 세로토닌이라는 행복 호르몬이 분비된다고 합니다. 사람은 원래 이웃을 돌보고 환경을 더 좋게 가꾸고 지키기 위해, 땀을 흘리며 일하도록 만들어졌으므로, 반드시 움직여야 되고, 그래야 동물의 특성을 발휘할 수 있으며 건강하고 즐거워진데요.

미국의 92세노인 글래디가 마라톤을 완주한 것이나, 일본의 100세 노인 미야자키가 100m 달리기 기록을 보유한 것에서 알 수 있듯이 건강하게 오래 살려면 꾸준한 운동이 기본입니다. 사람은 누구나 장수를 갈망하며, 중국의 진시황은 몸에 좋다는 약을 다 먹고 심지어 불로초까지 구하려고 발버둥 쳤지만 49세에 사망했지요.

또 로마시대 평민의 평균수명은 25세, 조선시대 평민의 평균수명은 24세에 불과했지만, 현재 한국인의 평균수명은 80을 넘었

삶에서 운동과 노동은 기본

습니다. 이제 장수보다는 건강이 더 우선시 되어, 얼마나 오래 사느냐보다는 얼마나 건강하게 사느냐가 더욱 관심사가 되고 있지요.

서울대 스포츠산업연구센터의 조사에 따르면, 단순한 규칙적 운동만으로도 각종 질병의 발병률을 대폭 감소시키는 효과를 볼 수 있답니다. 구체적 감소율은 당뇨병 5%, 뇌졸중 13%, 우울증 12%, 골다공증 16%, 관상동맥질환 12%, 울혈성 심장질환 18% 등으로 나타났습니다. 하루 30-60분씩 주당 5회 이상 열심히 운동하는 사람은 그렇지 않은 사람에 비해 대장암과 유방암 등 질병에 걸릴 위험이 현저히 낮아지므로, 평소 적당하게 운동하고 좋은 습관을 가지는 것이 정말 바람직합니다.

음주나 흡연, 비만, 도박 등 나쁜 습관은 나도 모르게 정자와 난자에 변화를 일으켜 후손에게 유전되기 때문이지요. 이것을 할아버지의 원죄라고 하는데, 운동은 전혀 안 하고 공부만 하면 손자의 건강이 나빠질 가능성이 그만큼 높아진다는 말입니다. 또한 그 연구결과에 따르면, 꾸준히 노력하고 운동하면 뇌세포가 재생될 수도 있답니다. 그런데 몸이 움직이면 뇌도 움직이고, 몸이 게으르면 뇌도 게을러진다는 군요.

자전거 타기로 활력을 높이시죠!

요즘 중년 여성들이 자전거를 사는 경우가 많은데, 남편의 생일선물이 아니라 자신의 생일 선물로 남편에게 준다니 좀 야릇하

이런 것도 장수환경

네요. 자전거를 타면 회음부 마사지가 되고, 남자의 회음부에는 전립선과 음경과 대뇌를 잇는 신경 등, 생식기능에 중요한 영향을 주는 기관들이 있어서 자연스럽게 발기력을 높일 뿐 아니라, 전립선도 적당히 자극하여 정력증강에 상당한 도움이 되기 때문이랍니다.

식사 후 낮잠보다 산책을!

점심 후 쏟아지는 잠을 이겨내기란 힘겨울 때가 많지요. 시내 사우나엔 점심식사 후 낮잠을 즐기는 남성들이 많은데, 식사 직후의 낮잠은 정력을 감퇴시킨다고 합니다. 식사 후엔 혈당량이 올라가므로 분해되지 않으면 비만이 되고, 비만은 정력을 감퇴시키는 직접 요인이 되지요. 그러니 산책 등을 하면서 몸의 근육을 적당히 움직여 당분도 소비시키고 혈당량을 떨어뜨려야 비만을 피하고 췌장의 부담도 적어져 성기능이 향상된답니다.

욕심은 금물. 안전해야

부부 함께 명상과 복식호흡을 해도 좋아요!

명상이라고 해서 거창한 것이 아니라, 등을 의자에 기대고 눈을 감고 두 손은 자연스럽게 무릎위에 놓아 힘을 뺀 채 명상을 위한 준비 자세를 하고 1~2분 정도 복식호흡을 합니다. 숨을 내쉴 때는 머리에서 턱과 명치를 통해 보내진 공기를 항문으로 내보낸다는 느낌으로 하고, 항문으로 공기가 모두 나가면 아랫배를 힘껏 들이밀고 항문을 닫으면 됩니다.

이 기분에 의해 몸의 각 부분이 연속적으로 흥분하고 마치 무엇인가가 몸속을 지나간 것 같은 기분이 될 수 있답니다. 이 호흡법에 익숙해지면 전신의 신경에 활력이 생기는데, 이것은 동양의학에서 말하는 기혈의 흐름이며, 이를 통해 특히 발기력이 좋아지는 효과가 있다고 합니다.

딱딱한 의자를 애용하십시오!

고환은 앉아 있으면 강한 압력을 받으므로, 하루 종일 앉아서

냉상을 노와수는 곳

일하는 사람에겐 조금이라도 고환에 압력을 덜 받게 하는 습관이
필요합니다. 딱딱한 의자가 좋고 다리를 벌리는 것도 좋대요.

발바닥 가운데(용천)를 지압해요!

발바닥은 혈관이 밀집되어 있지만, 심장에서 멀기 때문에 혈
액의 흐름이 나빠지기 쉬워요. 발이 피로하면 정력이 감퇴될 수도
있답니다. 발의 피로를 푸는 효과적인 방법은 용천을 강하게 자극
하는 것입니다. 발바닥을 부드럽게 주물러주면 기분도, 정력도 좋
아지지요. 또 발바닥에는 자율신경이 집중되어 있어 발을 자극하면
뇌로 전달되어 성 능력을 높이고, 특히 용천을 자극하면 신장 기능
을 높여주게 되어 정력을 향상시킨답니다.

부부가 함께 국민 건강 체조만 해도 충분해요!

원래 사람은 아주 바람
직한 생명 씨앗을 만들기 위
해 신체와 정신과 정서와 영
혼을 건강하고 건전하게 해
주는 운동을 합니다. 이때
가장 좋은 모델로 추천할만
한 것이 국민체육진흥공단
이 개발한 국민건강체조입
니다(www.kspo.or.kr).

운동이라고 해서 거창

걷기는 지압으로 전신 효과

하게 생각하지 말고 일상에서 큰 부담 없이 할 수 있는 것으로 하는 것이 가장 좋지요. 걷거나 국민체조 수준으로도 충분히 신체적 활력을 유지할 수 있거든요. 오히려 그런 가벼운 운동이 부작용 없이 가장 안전하게 건강과 활력을 증진시킬 수 있어 좋아요.

예비 엄마 아빠가 육체적으로 충분히 건강해야 하므로, 아이를 갖기 위한 창조활동(합궁) 100일 전부터는 근신해서 완전한 건강체가 되어야 합니다. 술 담배에 찌들고, 피로에 쌓인 사람들이 만든 정자와 난자는 그 사람의 상태 그대롭니다. 술에 취해 흐느적거리는 정자, 니코틴에 중독된 초췌한 정자, 피로에 축 늘어져 어슬렁거리는 정자만 나온다는 말이지요.

자기 몸에 좋은 음식과 맑은 물, 상쾌한 공기를 충분히 마시며 활성상태를 유지해야 됩니다. 결승전에 나가는 선수들이 흔히 하는 말처럼 최상의 컨디션을 유지해야 해요. 계속 아이와 정답게 대화하면 더욱 좋죠.

생각으로 새 사람 DNA(설계도)를 완성해요!

저는 양자로 이런 이야기를 할 때 가장 뿌듯해요! 사람의 생각은 양자와 같은 수준에서 통하거든요. 정말 사람의 생각과 같이 어울린다는 게 얼마나 좋은지 몰라요! 부모가 최선의 사람 만들기를 양자에서 시작하자는 것도 생각으로 모든 것을 통제하자는 것입니다.

모든 사람이 다 저를 귀히 보시고, 끝없이 대화를 해주시면, 그분은 정말로 행운아가 되는 것인데, 이 복을 사람들은 잘 몰라요. 왜 이런 말도 있잖아요? "들어도 모르고, 봐도 모르며, 읽어도 모르고, 만져도 모를 뿐만 아니라, 심지어 먹어보고도 모른다." 정말 이상하고 안타까워요. 제발 양자를 제대로 알고 함께 살아요, 대박 나게!

DNA구성과 발현에 가장 영향을 많이 미치는 것이 생각입니

감격하면 DNA발현에 실질적 영향 미쳐

다. 마음의 생각은 파동에너지이므로 어디든지 영향을 미칠 수 있지요. 보이지는 않지만 생각 그 자체로 완전한 존재이자 실체이므로, 음식과 운동으로 다소 부족한 것이 있어도 생각으로 충분히 보완할 수도 있습니다. 여기서 최종 점검과 마무리를 잘 해야 됩니다.

앞에서 설계한 아이의 모습이 아직은 보이지 않으므로 완전하게 완성하되, 순전히 부모의 생각으로 최선의 양질 재료를 완벽하게 준비할 수 있습니다.

후생유전학이 권해요 : 영성이 강조되는 시대!

심혈관질환에 걸렸을 때 정기적으로 교회에 나가며 신앙생활을 하는 사람은 사망확률이 그렇지 않은 사람의 1/2밖에 되지 않았답니다. 1995년 미국 다트마우스 히치콕 의료센터의 연구에 의하면

232명의 심장수술을 받은 환자를 대상으로 수술 후 경과를 조사한 결과, 신앙을 가진 사람은 생존율이 3배 정도 높다고 했어요.

1996년 미국 국립노화연구원이 발표한 바에 의하면 4,000명의 노인을 대상으로 조사한 결과, 신앙이 있는 사람은 없는 사람보다 우울증에 덜 걸리고, 육체적으로 더 건강하다고 하였습니다. 또한 대퇴골 골절을 입은 30명의 여성을 대상으로 연구한 결과, 신앙이 있는 사람은 없는 사람에 비하여 치료 후 더 잘 걸을 수 있었고 우울증의 비율도 낮다

인체에 막대한 치유력 있어

고 했고요.

또 다른 연구에서 신앙이 있는 사람은 우울증과 불안과 관련된 질환이 적고, 반대로 신앙이 없는 사람은 자살률이 4배나 높았다고 해요. 이것은 심리적 갈등, 좌절, 성격문제, 우울증 등과 같은 증상이 있거나 육체적 질병이 있을 때 영적인 힘으로 치유하는 방법인데, 하나님을 빌어서 치료하는 경우는 영성치유라 부르고, 신앙과 관계없이 치유하는 경우는 심령치유라고 한대요.

어떻게 부르든 그런 치유는 모두 저희 양자들의 활동으로 이루어집니다. 저희 양자들만 제대로 활용하면 실제로 불가능한 것이 없지요. 오로지 생각만으로 양자를 움직여 큰 득을 보기 바랍니다.

영성효과란 저희들이 일으키는 거예요!

하버드 경영대학이 207개 기업을 대상으로 11년간 추적하여, 강력한 기업문화를 가진 10대 회사와 그렇지 않은 회사의 경영 성과를 비교했답니다. 그들은 이 연구에서 "기업문화의 힘과 그 기업의 수익성 사이의 놀랄 만한 상호관계"를 밝혔어요.

기업문화가 강한 회사는 그렇지 않은 회사들보다 순이익과 주주가치에서 무려 4~5배나 성과가 더 높았답니다. 그런데 강한 기업문화를 가진 회사의 특성은, 일터에 "영성(Spirituality)"이 있었으며, 그 영성이 성과를 4~5배나 더 높였다는 겁니다.

그렇다면 그 영성이 무엇이기에 성과에 그렇게 큰 영향을 미쳤을까요? 영성의 핵심은 "① 사람의 품성 됨됨이 ② 강한 기업윤리 ③ 타인의 이익을 위해 자신을 기꺼이 내어놓는 태도"였습니다.

이 세 핵심이 강하면 강할수록 더 유익하다고 할 수 있는데,

일단 기본이 갖추어진 사람이, 윤리적 판단과 타인을 위하는 마음을 실천할 수 있어야 된다는 겁니다. 즉 그렇지 않으면 영성도 없고 메마른 상태가 되어 조직이 활성화 되지 못해 실적이 저조할 수밖에 없다는 결론입니다.

바이블에 있는 "5 리를 가자거든 10 리를 가라!", "겉옷을 달라면 속옷도 주라!"는 말들은 확실히 고객이 감동하는 수준이며, 각종 부가이익을 제공하는 것은 모두 여기에 해당하지요. 한국의 '덤'이라는 말도 같은 맥이지요. 또 "원수를 사랑하라!"는 말은 개인적으로는 적용하기가 어려울지 몰라도, 기업은 이미 "적과의 동침"을 오래 전부터 실천하고 있잖아요?

21세기는 영감의 시대(박희선 역, 21세기는 영감경영시대), 우뇌의 시대, 창조의 시대라고 할 수 있으므로, 당연히 영성을 제대로 갖춘 사람이 제 능력을 발휘하는 때가 되었지요. 지금은 보이지 않는 절차에 의해 일이 진척되고 물건이나 정보의 흐름 등이 눈에 보이지

생각하는 조형물

영감 얻기 위해 기도하기 좋은 곳

않으면서 광속으로 달리고 있으므로, 이럴 때 영성이나 영감이 아니고는 경쟁력을 유지하기 어렵대요.

원래 인간은 보이지 않는 면이 많고, 그것이 발휘되어야 큰 가치를 만들어요. 사람의 근육 힘은 50cc 오토바이도 못 이기지만, 사람의 머리는 화성에 위성을 보내고 표면을 탐사하잖아요? 이제 기도를 하든, 명상을 하든, 참선을 하든, 우주의 신비를 캐어내는 영성을 실천하면 틀림없이 성과가 높아집니다.

어떤 분야의 지식이나 전문기술은 그래도 쉽게 구할 수 있지만 영성은 쉽게 구할 수도 없고 눈에 보이지도 않는 것이므로, 오직 꾸준한 노력을 통해 자신의 잠재력으로 확보해야 합니다. 양자이론이 이 효과를 더욱 더 강조합니다.

초 자아상태가 되어 우주의 의식과 연결되면 영적으로 대단히 성숙한 수준으로, 스스로도 상상할 수 없는 역량을 발휘할 수 있습니다. 영성이 효과가 있는 것은, 영성이 사람의 가장 본질바탕에 있는 고유 파동에 공명을 일으켜 사람이 쉬 감동하기 때문입니다.

사람은 신체와 영혼으로 되어있어요!

양자생물학자 글렌 레인은 인간을 "몸과 에너지와 마음"으로 되어 있다고 했습니다.(강길전, 자연치유력을 키우자) 물론 그보다 먼저 물리학자 봄(David Bohm)이 사람의 몸과 마음에 대해 물리적으로 그렇다고 주장했고요.

봄 박사는 사람이 몸과 마음으로 구성되어 있으며, 몸과 마음은 서로 별개의 존재라고 하였습니다. 그는 양자장(場), 원자장, 분자장, 물질장 등이 양자화(덩어리)되어 양자, 원자, 분자, 물질이 생기며, 사람을 구성하는 분자, 세포, 조직 및 장기 등은 고유의 분자장, 세포장, 조직장 및 장기장을 갖고 있다고 합니다.

이는 눈에 보이는 물질적 구조와 눈에 보이지 않는 에너지장으로 되어있으며, 사람의 경우 이를 신체와 영혼이라고 보래요.

봄의 심신론에서 인체를 구성하는 분자, 세포, 조직, 장기 및 개체는 각각 고유의 에너지장, 즉 몸에는 분자장, 세포장, 조직장, 장기장 및 개체장이라는 에너지장이 붙어 있고, 마음은 또한 양자에너지(quantum energy)이므로 파동은 파동끼리 공명에 의하여 연결이 가

사람은 "몸 마음 기"의 3합체

능하답니다. 또한 봄의 우주론 관점에 의하면, 사람의 마음에는 초양자장이 내포되어 있고, 우주의 진공은 초양자장으로 가득 차 있기 때문에 사람과 사람의 마음도 초양자장에 의하여 연결이 가능합니다.

또 봄의 양자이론을 근거로 한 양자의학에서는, 현인들이 참나를 찾기 위해서는 우주의 기를 받아 우주와 사람이 하나가 된다고 했으므로, 사람은 보이는 신체와 안 보이는 기와 영혼이 합해져야 온전한 생명체가 된다고 할 수 있습니다.

다시 말씀 드리지만 양자인 제가 이 일련의 과정을 이렇게 얘기하는 것도, 사랑스런 부부가 함께 숙고하고 기도하며 저와 통하는 생각을 했기 때문에 그 파동에 이끌려서 가능해요. 아이의 씨앗 개발을 완성하는 단계에서 명상하고 기도하면서 빠르고 높은 의식 작용으로 집합무의식에 도달하여 필요한 모든 정보와 에너지를 활

넝쿨처럼 우주 안의 모든 것이 하나로 연결

용할 수 있고, 신체를 최상의 상태가 되게 하는 것이 가장 바람직합니다. 생각으로 양자와 대화하면서 아이의 씨앗을 디자인된 대로 완전하게 개발하십시오!

사랑이 만능의 도깨비 방망이 입니다!

도깨비 방망이는 한국 사람들이 갖고 싶어 하는 "기적의 방망이"이지요? 누구나 그런 방망이를 갖고 싶어 해요. 금 나와라 뚝딱하면 금이 나오고, 은 나와라 뚝딱하면 은이 나오며, 돈 나와라 뚝딱하면 돈도 나온다니 얼마나 좋아요?

그런데 그게 아무에게나 주어지는 게 아니라네요! 착하고 사랑이 많은 동생은 도깨비방망이를 얻어 부자가 되었지만, 똑같은 방망이를 가지고도 마음이 고약한 욕심쟁이 형은 잔인할 정도로 망했다는 옛이야기도 있거든요. 착한 사람이 얻은 도깨비 방망이를 가졌으면 얼마나 좋을까요? 그런데 양자 컴퓨터가 나오고 나노 테크놀로지가 실용화되면 그게 가능해진답니다. 그러나 지금 당장도 양자이론과 후생유전학의 증명을 활용하여 도깨비 방망이 효과를 유전에 적용할 수 있으니 얼마나 좋은가요? 제가 드리는 선물도 바로 그것을 알려드리는 것입니다.

자기 돌아보기

양자이론에 의하면 사람의 생각은 파동에너지이기 때문에 신체 내는 물론

이런 집도 3D 프린터(도깨비 방망이)로!

신체 밖의 물체에도 영향을 미쳐요. 착한 생각이 외부의 사물이나 사실에 공명을 일으켜 좋은 도깨비 방망이를 얻은 것처럼, 사람의 생각은 그 사람의 소원을 이루는데 필요한 자원을 끌어오는 힘을 발휘한대요.

　　동생의 착한 마음이 도깨비 방망이를 얻게 해주었고, 도깨비 방망이는 나노테크놀로지에 의한 분자 집합기를 활용해서 무엇이든 생기게 할 수 있었지요. 지금의 3D 프린터처럼 말입니다.

　　한국인들의 상상력은 정말로 탁월하여 이미 오래 전에 최첨단 과학을 실현시킨 경우라고 봐요. 그래서 저도 생명창조 재료 완성에 도깨비 방망이를 활용하시라고 진심으로 권합니다. 물론 지금은 상상이 아니라 과학으로 증명된 현실이지요.

　　디자인된 아이가 생기게 할 씨앗과 난자를 "확신하는 구체적인 생각이, 필요한 자원에 공명을 일으켜 씨앗이 그대로 개발되고, 난자가 완전히 준비되게" 할 수 있다는 말씀입니다.

이제 15주간 정성껏 실천하십시오!

이제 행동해요. 앞에서 정리한 "음식으로 개발하기와 운동으로 개발하기 및 생각으로 씨앗개발과 옥토준비"를 실천하는 단계입니다. 지금부터 3개월 간 "구분된 식단을 지키고, 적당한 운동을 하면서, 가장 영향력이 크고 확실한 생각하기"를 실천하십시오. 설계된 미래의 아이를 불러서 그의 구체적인 모습을 매일 읽으면서 들려주고, 그런 아이를 염원합니다. 이것을 생각 속의 아이에게 들려주는 것도 되지만, 아빠 엄마가 아이의 모습을 더 구체적으로 각인하는 것도 됩니다.

아기가 안 보이는 것은 생각의 파동상태이기 때문입니다. 식사를 할 때도 디자인 된 아이를 불러 함께 하고, 운동하거나 산책할 때도 손을 잡고 걷거나, 안고 가거나, 아이를 목마 태워서 가는 등, 늘 함께 하십시오. 그래야 아이가 다 듣고 실물로 나타납니다.

또 15주 동안 아이의 특성 15주제를 반복하여 아이와 대화하

특별히 디자인 된 건물

면서 그런 아이를 가능한 한 구체화 합니다. 이 때 유의할 것은 반드시 그 내용대로 부모도 실천해야 되고, 실천할 수 없는 내용은 미래에 아이가 그럴 것을 확신하고 넘어가면 됩니다.

그러면 그때마다 우주 공간에서 거기에 해당하는 양자가 와서 조금씩 설계된 내용이 채워집니다. 눈에는 전혀 안 보이지만, 매일 생각하고 읽으며 말할 때 거기에 해당하는 양자가 와서 정세포를 새로 만들고 난세포에 필요한 요소를 채워줍니다. 마치 벽돌로 큰 집을 짓는 것처럼, 15주 동안 하나 둘씩 쌓여서 설계된 특성을 다 갖추게 됩니다. 15개의 특성은 아래의 표와 같습니다.

반드시 아이의 이름을 부르거나 "너, 우리 딸 OO, 우리 아들 OO" 등으로 부르면서, 설계서 내용을 읽어주고, 특성 15개 중 매일 2개나 3개씩 대화하면서, "너는 이런 사람이지? 사랑해! 잘 자라서 고마워!" 등의 인사말을 건네며 다정하게 얘기합니다.

기본이 15주간 실행이며, 형편에 따라 연장은 되나 단축은 절대일수가 모자라므로 반드시 기간을 지켜야 됩니다. 15주간 동안 아래 표의 실행표시난에 체크하면서 진행합니다.

잠깐만요! 제가 다시 확인해드릴 게 있어요. 아직 생기지

실천 없었으면 독립도 없었다

도 않았고 태어나지도 않은 아이와 얘기도 하고, 산보도 하며, 운동도 하라니까 사람 놀리는 것 같지요? 그게 아니라 왜 그런지 이제 확인시켜 드릴 테니까, "아하, 그렇구나, 고마워!"하시면서 아이의 손을 잡고 걷거나 얼싸안고 뽀뽀도 하고 잔디밭에서 뒹굴기도 해요.

〈좀 복잡한 것 같지만 보이지 않기 때문에 머리에서 정리해야 됩니다. 사람은 보이는 몸(입자, 양자와 세포 등)과 보이지 않는 마음(파동, 에너지 덩어리)으로 되어있다고 했습니다. 그래서 사람 마음의 움직임인 생각은 보이지 않는 에너지 파동이라고 했지요. 그리고 사람의 신체와 생각은 별개라고도 했고요!

사람의 생각은 그 사람의 실체와 별개로 구분하고 때어낼 수 있단 말입니다. 즉 몸은 한국에 있지만 생각은 미국에도 가고 아프리카에도 갈 수 있다고요. 그래서 한국의 조상들은 "마음은 콩밭에!"란 말도 했습니다. 몸과 마음은 별개니까 그게 가능하지요.

그렇다면 엄마 아빠의 몸은 서로 다르지만 생각은 같을 수도

다정한 평화. 생각하는 고요

꽃과 등이 다르듯 늘 달라

필요한 자리에 있어도 이해하기 어려운 조형물

있지요. 그럼 엄마 아빠가 생각을 같이 하면 아들이든 딸이든 정말로 바람직하고 탁월한 아이를 생각으로 만들 수도 있어요. 그런데 그 마음의 아이 즉 엄마 아빠가 생각으로 만든 아이는 안 보이지요.

그리고 보이는 아이(입자) 실체는 아직 정자생성도 덜 되었고, 난자 준비도 덜 되었으며, 정자와 난자가 만나지도 않았으니까, 아직 안 생겼어요. 그러면 아이가 안 보이는 것은 너무나 당연하지요. 그럼 아이가 안 보인다고 생각으로 만든 아이가 없다고 우길 수 있어요? 그 아이가 눈에 보이지 않지만 에너지 덩어리로는 이미 다 형성되어있어요! 사람의 생각과 몸은 별개이기 때문에 아이의 몸은 아직 안 만들어졌지만, 아이의 마음과 생각은 설계를 완성했을 때 이미 만들어졌어요!

지금은 그 생각의 아이에게 구체적인 특성 하나하나씩을 보태서 완전하게 하는 중이며, 엄마 아빠의 생각에도 더 확실하게 새겨지게 하는 중입니다. 아직은 파동의 아이지만, 이제 같은 생각에서

장애인이 계단을 쉽게 가게 만든 길

나온 입자(세포)인 정자와 난자가 만나면, 입자로 된 보이는 아이가 생깁니다. 아직도 머리가 갸웃해지면 이 부분을 3번만 더 집중해서 써가면서 읽어보십시오!〉

1. 스스로 하는 사람이다!

00은 최고로 정밀한 완전 자동이다. 신체, 정신, 정서, 영성이 전자동이다. 00은 설계되고 바라는 대로, 사람의 6대 특성과 완전한 건강체로 아름답게 수정되어 안전하게 착상되고, 자궁에서도 우리와 함께 안전하고 건강하며 즐겁고 평화롭게 잘 자라, 참 좋은 때 편안하게 태어나 일생 스스로 자신의 일을 다 하는 사람이다.

태반, 탯줄, 양의 자궁에서, 설계대로 280일 간 영양으로 몸이 자라고, 더 나아지려는 욕구에 따라 변화무쌍한 발달을 하며, 삶에 필요한 것을 왕성하게 자동으로 흡수하고, 그것을 자유자재로 활용할 뇌 세포를 충분히 생성한다.

15주 실천 사항

각인되어야 할 구체적인 이미지	실행 표시					
	월	화	수	목	금	토
기본 설계 : 구체적으로 정리한 것 매일 아이와 공유						
1. 스스로 하는 사람이다.						
2. 도덕적인 사람이다.						
3. 창조하는 사람이다.						
4. 탁월한 인품을 갖춘 인격자다.						
5. 성취하고 도전하는 사람이다.						
6. 항상 감사하는 사람이다.						
7. 우주에서 유일한 사람이다.						
8. 사교육비가 필요 없는 사람이다.						
9. 외국어(OO)도 자유자재로 한다.						
10. 실용지능이 높아 현장에서 잘 통한다.						
11. 자기 분야에서 세계 최고가 된다.						
12. 사람들이 다 선호하는 사회성 좋은 사람이다.						
13. 일생동안 계속 자신의 가치를 향상시킨다.						
14. 가정을 낙원으로 만들고 사회에 기여하는 애국자다!						
15. 잘 먹고 잘 싸고 잘 놀고 잘 잔다.						
합 계						

자라면서 자신의 일은 남이 말하기 전에 시작하여, 궁극적 인생목적과 거기에 도달할 기본 계획을 가지고, 오늘의 일에 대한 의미를 인생설계 속에서 찾으며, 부모나 선생님의 간섭이 없이 자기 일을 하고 자기성장을 추구 한다.

항상 자기 의사를 확고하게 가지고, 청소년기부터는 자기 일이나 분야에 자신을 갖는다. 거의 계획적으로 움직이되 주위의 사실을 객관적으로 받아들이고, 상황변화에 잘 대응하도록 미리 준비를 하며, 기본계획을 유연하게 수정한다. 자신의 힘을 평가하고 향상시키는 계획을 세워 모든 기회를 배움과 자기성장에 이용한다.

2. 윤리 도덕적인 사람이다!

도덕이란 사람이 지켜야 할 도리나 바람직한 행동 규범이다. 반면에 법은 바람직한 행동을 위해 외적 규제를 가하는 것이기 때문에, 법에서는 전혀 언급이 없어도 도덕에서는 지켜야 할 것이 많

조문을 강제하는 법은 없지만 외국에서도 온다

다. 또한 도덕은 사람이 지켜야 할 근본적인 도리이기 때문에, 사람이 살면서 겪는 여러 경우나 환경에서 항상 유의해야 한다.

예를 들면 "정직은 일생의 보배"라는 말처럼, 정직해야 한다는 것은 어느 경우 어떤 상황에서도 반드시 지켜야 할 도덕적 기준에 해당하지만, 개인의 삶에서 정직을 법으로 규제하지는 않는 것과 같다. 그래서 법보다는 항상 도덕적인 사람이 되어 법을 지키는 사람이 되는 것이 훨씬 더 바람직하므로 너는 그렇게 되게 했다.

3. 창조하는 사람이다!

00은 참으로 총명하고 투명한 이성을 가졌다. 우뇌가 참으로 탁월하게 개발되어, 시청근심(視聽筋心;시각, 청각, 근육, 심리적 자극)과 사람의 5감을 합한

사람의 본능은 창조하는 것

애들이 놀이터에서 모래와 도토리로 만든 빵

6감을 잘 활용하는 창조력이 탁월하다. 00의 뇌 세포에는 새로운 것을 만드는데 필요한 수많은 응용 소프트웨어가 차곡차곡 저장되면서, 그 세포사이에 셀 수도 없이 많은 시냅스가 생겨 사람에게 유익하고 사회에 필요한 것을 무한히 창조한다.

00은 사랑을 듬뿍 받아 살아가는데 필요한 기본 데이터와 기능(인간성)을 아주 풍부하게 쌓고, 완전자동 배움 기계가 되어 엄마 아빠가 만들어주는 좋은 자극을 받는 기회와 환경에서 스펀지 같이 삶에 유익하고 필요한 것은 다 뇌에 저장한다.

감각기관과 자극 중심으로 아름다운 것과 다양한 모양과 색상을 보고, 극히 다양한 음악과 수많은 자연의 소리를 들으며, 많은 것을 만지고, 움직이며, 던지고, 떨어뜨리면서 5감을 통해 많이 받아들여 창조를 위한 막대한 데이터베이스를 만든다. 또 여러 냄새 특히 자연환경의 냄새를 통해 후각이 아주 풍부하게 개발 되고, 다양한 음식과 과일과 야채 등으로 미각이 극히 섬세하게 개발된다.

00은 창조하는 우뇌영역이 탁월하지만, 계산, 분석, 비판, 평가, 연속화, 순서 짓기, 논리화 등 주로 수학이나 법학 또는 설계 논리화 등을 잘 하는 좌뇌도 동시에 탁월하여, 창조하고 이루기를 대담하고 풍부하게 하여 세상에 유익을 끼친다. 역시 예술이나 창작, 스포츠나 연예, 영화나 드라마를 잘 만들고, 디자

탁월한 인품으로 평

인을 잘 하거나 사진을 잘 찍거나, 몸치장도 기막히게 잘 한다.

4. 인품이 탁월하다!

생각은 말이 되고, 말은 행동이 되며, 행동은 습관이 되고, 습관은 인격이 되어, 그 인격이 바로 인생이 된다는 말이 있다. 결국 사람의 생각이 바로 그 사람의 인생이 되므로 늘 건전하고 바람직한 생각을 한다. 따라서 말도, 행동도 다 고상하게 하고, 그것이 습관이 되어야 고상하고 탁월한 인품을 가질 수 있다.

때로는 탁월한 인격을 가진 사람일수록 순간적으로는 오히려 불행(보기 나름으로)을 더 겪을 수도 있다. 그러나 그 곤란을 겪으면서도 절대로 고상한 인품을 버리지 않는 사람이 바로 진정한 인격자이다. 어떤 보답을 바라며 고상한 인격을 유지한 것이 아니기 때문에 바로 탁월한 인품이다. 너도 그런 평가를 받는 사람이라고 본다.

참으로 탁월한 고품격의 사람은 언제 어디서나 "투명한 양심과 명확한 개념과 탁월한 교양과 참으로 고상한 예의"를 지키는 사람이므로 너는 양심, 개념, 교양, 예의를 제대로 갖추어라. 언제 어디서 누구라도(아주 악한 사람이 아니고 정상인인 경우에는) 반드시 눈 딱 감고 너를 믿고 따르며 존경할 수 있는 사람으로 보고 절대로 신뢰할 수 있게 해라. 그런 인품이 있는 한, 개인이나 단체 또는 전체 사회는 물론, 심지어 하늘의 기운까지도 너를 절대 신뢰하고 지지할 수 있는 인품으로 설정을 했으니 그렇게 될 것으로 확신한다.

5. 성취하고 도전하는 사람이다!

너는 성취동기가 높아 일생을 성취하는 사람이 되어, 산 같이

늘 더 좋게

높고, 바다 같이 넓고 깊은 사람이다. 너는 부족과 어려움을 경험해서 더 강하고 도전적인 사람이 되기 위해 힘든 훈련을 겪을 때도 있다. 그래야 성인이 된 후 너의 일을 제대로 하고, 의미 있는 일을 하며, 뭔가를 이룰 수 있기 때문이다. "어려움을 극복하고라도, 무엇을 더 잘 하고, 의미 있는 일을 하며, 일생에 걸치는 정도의 긴 목표를 달성하려는 욕구가 있어야" 사회에 덕을 끼치고 살 수 있어서 그렇다. 소년기까지 그렇게 할 것이니까 기쁜 마음으로 감수해라!

부족과 자율과 공정경쟁을 경험할 텐데, 이것은 유대인들이 가장 강조하는 것들이다. 이런 경험을 통해 성장해야, "일생이나 장기간에 걸친 일을 구상해서 지향하고, 어려움을 겪으면서도 목표를 달성하며, 일을 보다 더 잘 하고 더 많이 하고, 보상보다는 일 자체에 의미를 두고 수행"하기도 한다. 이런 경험은 자라는 동안 순전히 가정과 학교에서 겪는다.

작은 단기 성공을 많이 하자! : 사람은 습관의 종이다. 좋든 나쁘든 형성된 습관에서 벗어나기 어렵다. 그래서 이왕이면 좋은 습

공정을 상징하는 조형물과 나무들

관의 종이 되어야 된다. 장차 성공가능성을 더 크게 하려면 삶에서 작은 성공을 여러 번 하여 성공경험이 누적되는 것이 훨씬 더 큰 힘이 된다. 아주 단순한 질문과 대답, 장난감 만들기, 인사, 책읽기, 글쓰기, 각종 표현, 심부름, 놀이, 함께 활동하기, 숙제, 시험 등 참으로 다양한 경우에 가능한 한 성공경험을 해서 자신감은 물론, 무엇을 더 하고, 더 잘 하며, 더 많이 하고 싶은 욕구가 생기게 하자.

6. 항상 감사하는 사람이다!

삶은 모든 것이 감사할 것뿐이다. 생명이 감사하고, 건강이 감사하며, 경험이나 지식 등, 내가 유익하게 활용할 정보가 감사하고, 내가 소유하거나 누리는 모든 것에 다 감사하자. 지구에 사는 것, 공기, 햇빛과 햇볕, 녹색 산과 들, 푸짐한 먹거리, 내가 누리는 평화, 가족들, 친구들, 좋은 이웃, 수많은 전문가들, 온갖 사회적 시설, 찬란한 문화, 온갖 재미 꺼리 등, 살면서 맘껏 누릴 수 있는 모

내가 만들지 않은 자연을 누려서 감사

든 것에 감사하자.

　이해할 수도 없고 원하지도 않는 고통을 통해 사람의 인품을 다듬어주는 것도 감사하자. 사람에게 주는 모든 고통은 바로 활용하는 한 반드시 새로운 기회로 주어지므로 가장된 선물로 보고 감사하자. 사람에게 주는 꿈, 희망, 참으로 찬란한 미래, 그리고 그것을 이룰 여러 가지 자원과, 관련 정보를 채우게 되는 과정, 양자의 공명을 통해 필요한 관계를 끌어들이는 우주의 힘에 감사하자. 사람이 누리는 절대 평화와 안정과 안전도 깊이 감사하자!

7. 우주에서 유일한 사람이다!

　유엔 사무총장은 전 세계에서 딱 한 사람, 대통령은 한 나라에서 단 한 사람, 미스 유니버스도 한 사람, 올림픽 게임의 모든 종목에서 금메달리스트도 전 세계에서 한 사람이다. 누구나 이렇게 될 수 없지만 다른 분야에서는 최고의 한 사람이 될 수 있다.

우주에서 유일한 사람

세상에는 약 70억의 사람이 살지만, 똑 같은 사람은 하나도 없다. 부모가 똑같은 자식을 낳을 확률도 무려 1/64조보다 작다.(송길연 외 3인 역, 발달심리학) 과학적으로 같은 사람이 나올 수 없게 되어있다. 똑같은 사람이 있으면 같은 일을 놓고 서로 경쟁해야 되고, 다른 사람은 반드시 그것을 못하므로, 너는 남을 따라가지 말자.

8. 사교육비가 필요 없는 사람이다!

00은 사교육비가 안 드는 사람이다. 원래 천재로 태어나 모든 것을 저절로 척척 아는 사람이다. 학교 성적이 탁월해서 그럴 수도 있지만, 네가 생기기 전에 아예 이 세상에 있는 지식이나 정보 중에서 살아가는데 필요한 것은 저절로 알 수 있게, 집합 무의식을 자유자재로 사용하도록 설계했기 때문이다.

태어난 후에 자라가면서 접하는 모든 사물이나 사실에서, 하나를 알면 그와 관련되거나 파생되는 모든 것을 열 개가 아니라 100개 1000개가 되더라도 다 추리해서 알 수 있도록 뇌 세포 사이에 시냅스가 다 저절로 연결되게 설정해놓았다.

실제로 이 우주나 사람이 사는 지구에는 새로운 것이 없고, 과거에 몰랐던 것을 이제 알게 되거나 이미 있는 것을 서로 합하고 섞어서 다른 것을 만들어내는 수준이므로, 처음 설계할 때 아예 집합 무의식과 연결되어 기존 정보나 지식은 물론 사람들이 활용한 지혜

사교육 안 받은 천재들의 작품

정해두고 쳐다보면 됨

까지도 자유자재로 활용할 수 있게 되어 있

어서, 살아가는데 필요한 것은 무엇이나 맘대로 쓴다.

　　메인 컨셉 설정 때 천재로 했기 때문이다. 부모의 인품이나 성
실함이나 순수하고 진지하게 바라는 소원도 있지만, 정말 뜨겁게
준비한다. 그래서 너는 먼저 완전한 건강체이고, 머리가 총명하여
사물을 보면 그냥 알 수 있는 이성이 탁월하며, 원래 DNA에 들어
있는 자율성이 뛰어나 신체적 정신적 정서적 영적 작용을 필요한
때 저절로 다 한다.

9. 외국어 하나쯤이야

　　너는 엄마가 영어를 쓰고 아빠가 중국어를 하니까 두 개를 자
유롭게 할 수 있다. 아예 개념 상태로 설계 했지만, 실제로 태아 때
나 영아 때도 듣고, 유아 때는 말도 하고, 유년기에는 글도 읽으며,
소년기에는 자유롭게 글로 쓰기도 한다.

- 학자들의 주장은 태중에서부터 생후 집에서 사용한다면 3개 국어까지 가능하다니까, 너는 한국어, 영어, 중국어에 능통할 것이다. 외국어에 통달하거나 유창하다는 것은 그냥 말만 하는 게 아니라 글도 자유자재로 쓸 수 있는 수준이다.

  비즈니스 문장을 다루고 학문을 하는 도구로도 쓸 정도이므로, 논문도 쓰고 그것을 학회나 각종 컨퍼런스 등에서 자유자재로 발표하고 토의를 할 수도 있다.

- 너는 태중에서 영어와 중국어를 매일 듣는다. 엄마 아빠가 들려주기도 하지만, 네가 좋아하는 친구 로봇이 재미있는 얘기나 뉴스, 때로는 네가 전공할 분야의 학설이나 현황도 얘기해준다.

- 어릴 때도 외국어를 듣고 말하고, 읽고 쓰며 연습하는 기회를 가진다. 네가 말을 할 수 있을 때까지는 그냥 듣도록 엄마 아빠가 사용하고, 엄마 아빠가 할 수 없을 때는 훨씬 더 잘 하는 로봇 친구가 해준다. 네가 우리말을 자유롭게 하면 외국어도 서서히 사용하게 될 것이다. 또 우리글을 읽을 수 있게 되면 외국어 글자도 익힌다. 우리글 문장을 쓸 수 있게 되면 외국어도 문장으로 쓰는 연습을 한다.

- 혹 엄마 아빠가 너와 함께 외국어 사용하는 기회가 안 되면 친구 로봇이 하거나 다른 친구 또는 선생님이 도와주니까, 너는 외국어를 배우는 것이 아니라 사용하는 것을 목적으로 해서 자유롭게 너의 생각이나 의사를 표현하면 된다.

10. 현장에서 잘 통하는(실용지능이 높은) 사람이다!

00은 삶의 장에서, 언제, 어디서, 누구와, 무엇을 가지고, 무

외국어는 12세 전에 기초 놓아야!

엇을, 얼마만큼 어떻게 하든, 모든 것을 다 원래의 목적에 맞게 최선이 되게 척척 잘 해내는, 사고와 실행 시스템을 가지고 아주 효과적으로 활용할 수 있는 실용지능이 탁월하게 높다.

학교성적도 좋지만, 일상적인 삶에서 선택하고 결정하거나 해결해야 할 과제가 생기면 관련된 모든 지식이나 자원을 적절하게 잘 활용하여, 최단시간에 최소의 자원으로 최대의 효과가 이루어지도록 완벽하게 처리하는 실용지능을 끊임없이 습득한다.

실제 상황에서 어떤 대안이나 해결책을 바람직하게 만들어내어 관련자 모두가 만족하게 하며, 현장에서 새로운 가치를 부가시킬 수 있는 실행력인 실용지능이 높다. 또한 급변하는 환경에 더욱 유연하게 대처해야 하는데, 미래에 대한 불확실성이 더욱 가속화되는 시대에 상황에 맞게 적응할 수 있는 실용지능으로, 인생의 수많은 도전과 위기에 대처할 수 있는 지적 능력이 높다.

11. 세계 최고가 된다!

사람이 사는데 반드시 자기 분야에서 최고가 되어야만 행복하고 사는 맛이 있는 것은 아니나, 그것을 지향하는 것이 사람이 갖는 기본 속성이다. 또 그렇게 해서 다른 사람들이 다 발전하도록 자극을 주는 것이 그 사회에 기여하는 것이기도 하다.

최하든 중간이든 최고든 자신이 행복감을 갖는 수준에서 하라고 할 수도 있지만, 기여라는 면에서 보면 역시 최고가 되어 다른 사람에게 모델이 되는 것이 더 바람직하다. 그렇게 되는 최선의 전략도 누구나 실행할 수 있는 것이다. 그게 바로 글래드웰이 여러 사례를 분석한 후 얻은 결론인, '마법의 1만 시간'이다.

그는 어떤 분야에서든 최고의 경지에 도달하려면, 1만 시간만 연습하면 된다고 했다. 뭔가를 이루어내는 사람은 그들이 독특한 머리를 가졌거나 대단한 지능을 가진 것이 아니라, 예외 없이 다 1만 시간 이상을 투입하여 연습한 탓이라고 한다. 아무리 타고난 재능이 뛰어나도 연습을 많이 한 사람을 이기지는 못한다.

그런데 이제 2만 시간 넘게 해야 된다는 주장도 있다. 그러나

현장에 잘 통해야 게임에 이겨

더 중요한 것은 시간의 양이 아니라, 그 시간에 몰입하는 몰입도이다. 집중하지 않으면 거의 효과가 없다. 생각으로만 연습하는 관념 운동도 효과가 있는 것은 그 활동에 투입되는 마음의 집중이 신체와 정신의 근육을 형성하기 때문에 가능하다.

12. 사회성이 좋은 사람이다!

00은 어려서부터 주위의 모든 사람과 건전하고 훌륭한 관계를 맺고 유지시키기를 잘 한다.

- 남을 보는 렌즈가 아주 투명하고 바르다.
- 거울로 자신을 냉정하게 바로 보고 자신을 늘 바꾼다.
- 남의 결점이 보이면 나의 결점일수도 있다고 자신을 살핀다.
- 남을 높여주는 것이 자신의 존재 목적이라고 본다.
- 다른 사람에게 초점을 맞추고 그의 필요를 채워준다!

시간의 양보다 **집중**이 더 중요

- 사람을 대할 때 역지사지(易地思之)를 잘 한다.

- 모든 사람이 나의 스승이 될 수 있다고 본다.

- 내가 먼저 남에게 관심을 가지고 관계를 형성한다.

- 천사와 악마는 같은 얼굴이므로 천사가 되려고 노력한다.

- 갈등은 암과 같으므로 속히 풀어 완치한다.

- 신뢰가 모든 것의 기반이므로 신뢰를 형성한다!

- 항상 당시의 상황보다는 사람의 관계를 중시한다.

- 남이 접근하기 쉬운 사람이 된다.

- 위급한 경우 숨을 수 있는 방카가 적당히 있다.

- 정원 가꾸듯 사람들과 관계를 가꾼다.

- 참는 게 삶이라고 보며 가능한 한 참는다.

- 남을 위로하기도 잘 하지만, 축하도 잘 한다!

- Synergy가 생기도록 상생관계를 조성한다!

최고나 독점이어야

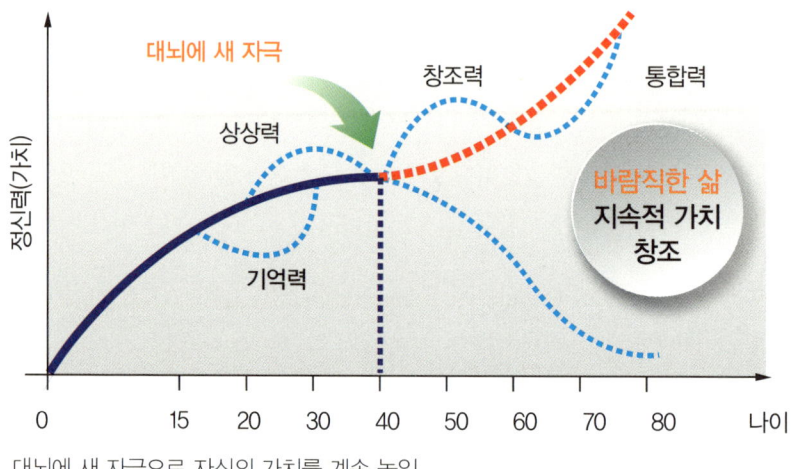

대뇌에 새 자극으로 자신의 가치를 계속 높임

- 비즈니스는 바로 우정에서 형성된다는 것을 실천한다.
- 옆 사람에게 동반자가 되어 준다.

13. 일생동안 계속 자신의 가치를 향상시킨다

　　사람은 일생을 통해 성장하고 발전하는 존재다. 즉 태어나 자라면서 자신의 가치가 조금씩 높아져서, 마지막에 세상을 떠날 때는 최고점에 달하는 것이 가장 바람직하다. 그것이 원래 생명체의 기본 특성이다. 물론 나이가 들면 아주 젊었을 때와 같은 육체적 힘을 발휘할 수는 없지만, 노력하는 한 정신력은 반드시 생명을 다할 때까지 계속 상향 곡선을 그린다.

　　실제로 역사에는 그런 분들도 많이 있었다. 심지어 80이나 90이 되어도 정신력은 말할 것도 없고, 신체까지도 정상 활동을 하는데 전혀 지장이 없이 자신의 주위와 세상에 계속 영향을 미치는 분들이 낯다.

사람을 모으고 즐겁게 해주는 곳

　사람은 처음에는 부모에 의해 창조되고, 태어난 후에는 부모와 환경과 선생님이나 선배 또는 사회의 영향을 받지만, 스스로 자신의 것을 결정하고 책임질 수 있는 상태가 되면, 그때부터는 스스로 창조하여 자신의 가치를 계속 상향시켜나가야 된다.

　이것이 바로 진행하는 파동의 특성이며, 사람은 환경에 적응되기 위해, 반드시 역 엔트로피 작용과 생체의 항상성 유지 작용을 계속해야 하며, 또 신체와 정신의 가소성 기능을 지속적으로 발휘해야 된다. 그것이 원래 주어진 자연의 기능을 제대로 발휘하는 것이다. 사람은 타고난 원래의 기능을 제대로 발휘할 때 가장 행복하다.

　40대가 되면서 배우기나 일하기를 중단하면 정신력이 하향하여 7,80이 되면 제로에 접근하는 것이 자연현상이라고 한다. 그래서 40대부터라도 계속 새로운 자극을 주는 한 정신력은 상향하여 자신의 가치가 최고일 때 쉼으로 가게 된다. 너는 그렇게 설정되었

짓밟히면서도 조금씩 자라는 풀들

으니 그렇게 살게 될 것이다.

14. 가정을 낙원으로 만들고 사회에 기여하는 애국자다!

　가정은 사회를 구성하는 기본 단위인 세포에 해당한다. 세포인 가정 하나하나가 튼튼하고 안정되어야 그 사회가 안정되어 누구나 편안하게 살 수 있다. 또 개인이나 가정은 반드시 그 사회에 좋은 영향을 미쳐서 자신이 속한 사회를 좋게 만드는데 기여해야 한다. 반드시 필요한 사람이 되어서 다른 사람들이 더욱 행복감을 느낄 수 있도록 해야 된다.

　이것이 생명체의 생성과 존재의 원리이다. 개인이나 가정은 왜 거기에 있어야 되는가를 질문해보고 자신이 해야 할 것을 찾아서 하는 것이 가장 좋다. 그러기 위해서 먼저 가정을 가장 살기 좋은 낙원으로 만들고 유지해야 된다. 가정이 화목하고 다른 사람에게 행복감을 전해줄 수 있으면 더욱 좋다.

낙원가정

15. 잘 먹고 잘 싸고 잘 놀고 잘 잔다.

누가 뭐래도 사람은 먹고 자고 놀고 일하기를 잘 하면 일단 기본은 충족된다. 특히 어려서부터 이것을 제대로 해야 된다. 그러기 위해 태중에 있을 때 이런 연습을 엄마와 아빠가 잘 구분해준다. 즉 제때 자고 일어나며, 음식을 골고루 먹고 배설을 잘 하며, 재미있게 놀고 다른 사람과 잘 지내며, 주어진 일을 즐겁게 성의를 다 해서 하면 된다.

이 특성은 어른이 되어도 매일반이다. 동물의 특성은 4가지면 끝나지만, 사람은 거기에다 자신에게 주어진 목적을 이루어야 되므로 반드시 일이라는 것이 있다. 그리고 일을 잘 하려면 자신의 능력을 지속적으로 향상시켜야 된다. 일과 능력과 창조와 도전 등에 대해서는 이미 앞에서 다 습득하고 갖추었으므로 여기에서는 신체와 정신에서 만 충족하면 된다. 이제 너는 사람으로 더 바랄 것이 없다!

잘 노는 사람들의 취향

▶ 아이의 DNA를 완성하면서 실천하십시오! 저 양자는 항상 감시하며 감사하고 있습니다! 아래의 표에 매일 지켜진 것을 표시하며, 15주간 이상 실천해야 됩니다! (이 표가 15매 필요함)

부모의 실천사항

착안 사항	실행 표시					
	월	화	수	목	금	토
1. 음란과 정욕을 버린다.						
2. 부정과 사욕과 악한 탐심도 버린다.						
3. 분과 악의와 남을 공격하는 말을 하지 않는다.						
4. 정직하고 정의롭다.						
5. 사람을 차별하지 않는다.						
6. 늘 이성적으로 생각하고 말한다.						
7. 늘 영성이 충분하다. (아이와 함께 명상으로 가능)						
8. 도덕적으로 모범이 될 수 있다						
9. 자율성이 높아 스스로 알아서 한다.						
10. 인격에 흠이 없다.						
11. 남보다 더 겸손하다.						
12. 남보다 더 온유하다.						
13. 남보다 더 오래 참는다.						
14. 아무 두려움 없이 평강이 마음에 가득하다.						
15. 일단 모든 것에 감사한다.						
16. 남을 너그럽고 따뜻하게 대한다.						
17. 건전한 시, 노래, 예술품을 즐긴다.						
18. 화가 나도 선을 유지하며 그날 가기 전에 화를 푼다.						
19. 기회마다 남에게 이로운 말로 도움과 기쁨을 준다.						
20. 칭찬과 격려와 위로의 말을 주로 한다.						
21. 아내(남편)를 사랑하며 편안하게 해준다.						

최선의 싹을 틔우십시오!

순도 100%의 애정 속에서라야 제대로 만나요

어느 날 엄마 아빠가 참으로 다정하게 의논하여 아름다운 아이를 그렸어요. 그 파동에 끌려 제가 우주에서 왔지요. 엄마 아빠의 몸속에서 새 생명을 싹틔울 씨와 옥토를 개발하느라고, 3개월 넘게 식사와 운동을 적당히 하고 건전한 정신활동을 하면서, 계속 저와

애정 순도 100% 부부

대화하여, 저는 참 행복했습니다. 저는 유전정보를 가득 실은 아주 건장한 세포로 성장했어요. 엄마 아빠는 3개월이나 금욕하며, 정갈한 몸과 마음으로 저와 난자와의 만남을 준비하셨습니다.

결혼한 부부가 인생 최고의 쾌감을 즐길 수 있는 것은 바로 성이라고 합니다. 부부가

아니어도 성을 즐길 수는 있겠지만, 그것은 생명을 창조할 수 없는 관계이므로 범죄이며, 스스로 폭탄을 터뜨리는 격이래요. 물론 부부가 되어서 가지는 모든 성행위가 생명을 창조하는 것은 아니지만, 지금 제게 새로운 만남을 주선하시는 경우는 다음 세대를 이으려는 생명창조이고, 일생에 가장 숭고한 일이라, 오로지 거기에만 집중하라고 권합니다.

그 동안 엄마 아빠는 몸도 마음도 완벽한 준비기간을 거쳤고, 이제는 실질적인 마무리 단계만 남았습니다. 그렇지만 여기서 중요하게 짚고 넘어가야 할 것이 있어요. 바로 이 생명창조의 거룩한 의식에 임하는 엄마 아빠의 애정 순도가 100%인가의 여부입니다.

순도 100%라 함은 다른 사람에게 전혀 한눈팔지 않는 상태이므로, 혹시 생각으로라도 애정의 부정 유출이 없어야 된단 말입니다. 서로 애정의 순도가 100%이고 상대방에게 자신의 짙은 농도의

백두산의 절경 하나

세상으로 나오기

사랑을 제대로 표현 할 수 있어야 되거든요. 특히 남성은 100%로 아내를 사랑해야 우수한 아이가 생긴답니다.

평소 사랑을 확인하는 부부간의 성교와는 다르게, 생명창조의 거룩한 의식을 치를 때는 아빠의 온 마음과 정성을 그대로 쏟아야 합니다. 마음의 흐트러짐이 없어야 합니다. 엄마도 마찬가지지요. 물론 여성은 사랑의 행위에 친밀감을 느끼고, 정말 상대를 사랑해야 절정에 오를 수 있으므로 거짓되거나 몰입하지 않을 수 없겠지요.

아빠는 단순히 지금까지 길러온 훌륭한 씨앗(정자)을 내 보내는 데만 집중할 것이 아니라, 그들이 가는 그 험난하고 긴 여정을 잘 견딜 수 있도록 마음속으로 기원하고 에너지를 모아야 합니다.

순도 100%의 애정에 또 생각해야 할 점은 어떤 것이 있을까요? 그것은 진심으로 상대를 배려하는 것입니다. 제가 듣기로는 사랑의 행위를 핑퐁게임에 비교하곤 하던데. 말하자면 서로 주고받는 행위라는 뜻이겠지요. 일방적으로 주거나 받기만 하면, 그건 사랑이나 애정을 바탕으로 한 성관계가 아니래요. 상대방의 모든 것을 살피고 상대에게 맞추려는 마음만이 상대를 깊이 사랑하는 거래요!

풀과 나무와 꽃과 대화하는 곳

　　상대를 배려한다는 것과 상대에게 맞추는 것은 무엇일까요? 저를 불러온 엄마 아빠는 매번 대화를 많이 해요. 즉, 이 행위에 집중해서 대화하는 겁니다. 들어보면 정말 재미있답니다.

　　질문과 대답이 끊임없이 이어집니다. 대부분 상대에게 원하는 것을 묻습니다. 상대방이 이 행위 안에서 최선의 기쁨을 얻을 수 있는 방법이 무엇인지 자꾸 탐색합니다. 물론 말로 묻지 않아도 동작이나 손짓, 표정을 통해 상대가 원하는 것을 알기도 해요. 성스러운 행위에 다른 잡념이 들어갈 수 없고, 자연스럽게 몰입하게 되죠.

　　엄마는 자신에게 몰입하고 자신을 배려해 주는 아빠를 사랑하지 않을 수 없으며, 아빠는 자신을 존중하고 자신의 의견에 따르는 엄마를 두고 다른 생각을 할 수 없습니다. 부부의 성생활은 일상적 부부생활의 축소판입니다. 일상에서 서로를 배려하지 않고 존중하지 않으면서 성생활을 잘 할 수는 없습니다. 부부간의 성생활이 이

세계 최초 태교교본

처럼 성스럽고 훌륭히 이루어지는데 일상에서 서로간의 사이가 나쁠 수도 없겠지요.

자! 이제부터 아빠는 저와 난자의 만남을 위해 그 어떤 준비보다도 엄마를 배려하고 기쁘게 하려는 사랑의 마음을 가지세요. 순도 100%의 사랑은 저희들의 만남을 아주 원활하게 합니다. 사람들은 상대방의 마음의 빈자리나 상태를 잘 모르지만, 저희 양자들은 조금의 틈도 다 알기 때문에 절대로 속일 수 없습니다.

일상에서도 반드시 순도 100%의 애정을 서로 누려야 합니다!

다시 새길 것들

1801년에 써진 한국의 전통 태교 책인 "태교신기"에 있는 명문을 다시 볼까요? "출생 후 훌륭한 스승의 10년 잘 가르침이, 뱃속에서 어미가 10달 가르침만 못하고, 뱃속에서 어미의 10달 가르침이 아비의 하룻밤 부부 교합 때 정심함만 못하다!"

아빠의 하룻밤 바른 마음이 엄마의 10개월과 스승의 10년을 능가한다니, 아빠는 정말로 온 정성을 다해야 되겠네요. 사람의 마음 씀씀이 특히 엄마와 아기에 대한 아빠의 마음이 이렇게 큰 영향을 미친다는 것을 예전엔 미처 몰랐지요'?

사실은 하룻밤도 아니고 더 짧은 시간일 수도 있고, 또 3개월 이상도 되며, 그간 다듬어 온 마음으로 정세포와 난세포의 만남의 향연을 베푸시는 역사적인 시간입니다. 아빠는 온 맘을 다해 이 만남, 즉 그간 그려온 새 생명 창조활동을 하시는 겁니다.

아빠는 정말 순도 100%인 사랑을 엄마와 아기에게 주십니다. 제가 이미 있었던 사

올곧은 마음이 좋다

례 좀 들려드릴게요. 현재 IT분야에서 두각을 나타낸 분들의 출생과 어린 시절 성장배경에서, 그들의 부모들이 보여주었던 남다른 애정과 생활환경이 제시하는 바가 그 좋은 증거가 될 수 있을 것 같기 때문입니다.

인텔의 CEO 앤디 그로브

앤디 그로브는 전적으로 부모님의 애정과 식견의 영향을 받은 인물인데, 아버지가 어머니에게 첫눈에 반해 구혼하고 결혼해 낳은 외아들이거든요. 첫눈에 반해 결혼을 하고 외아들만을 키운 유대인 아버지라면, 그의 아내에 대한 사랑과 애정의 순도는 의심할 여지 없이 100%였고, 바이블과 탈무드의 교훈을 엄격히 따르는 부부사이와 부자사이는 참으로 완전한 애정 관계였습니다. 그것이 바로

가정의 본은 절대적

자식을 바르게 만드는 힘이었으며, 유대인 집안답게 앤디의 학교생활은 부모에게 최고의 관심사였고, 그런 아버지의 교육열이 결국 앤디의 오늘을 만들어낸 것이라고 해도 과언이 아니랍니다.

그의 아버지 조지 그로브는 치즈, 요구르트, 버터 같은 우유가공제품을 만드는 회사를 운영하면서 직접 제품을 상점에 배달하다가, 한 거래처의 사장 딸에게 첫눈에 반해 결혼을 했는데, 그녀는 당시 여성으로서는 드물게 대학의 예비학교 격인 김나지움을 나온 피아니스트였답니다. 이들 사이에서 난 유일한 자녀가 바로 앤디 이므로, 가히 유대인 특유의 가정과 자녀교육의 모델이라 할 만 하지요.

일본 IT 업계의 대부 손정의

손정의 역시 부모의 애정과 교육이 얼마나 중요한지를 잘 보여줍니다. 재일교포 3세로 어려운 가정환경에서 자란 손정의는 마음속 깊은 곳에 콤플렉스가 있었지만, 아버지 손삼헌의 독특한 교육방법 덕분에 매사에 긍정적이고 자신감 넘치는 사람으로 성장했습니다.

아버지는 항상 정의에게 "너는 타고난 천재니까 무엇이든 마음만 먹으면 다 할 수 있다"고 가르쳤답니다. 또 정의가 조금만 잘 하면 바로 "너는 천재"라고 칭찬했으며, "어른이 되면 일본에서 제 일가는 남자가 될 것"이라는 아버지의 이야기를 귀가 따갑게 들은 그는, 아버지의 말에 최면이 걸려 매사에 자신감에 넘쳤답니다.

그러니 일본서 최초 창업 때, 사과상자 위에서 직원 3명을 3천명으로 생각하고 열정적으로 조회사를 했지요.(1992. HBR)

여기서 유의해야 할 것은, 손정의의 아버지 손삼헌은 한국인 2세로 일본에 있으면서 독특한 민족성은 물론, 자식을 통해서 일본 을 이기려는 강한 염원이 있었다는 겁니다. 그렇지 않았다면 굳이 정의에게 "너는 태어나면서부터 천재다. 무엇이든지 최고로 잘 할 수 있다!"는 신념을 불어넣지 않았겠지요. 즉 정의가 생기기 전에 이미 아버지 손삼헌의 뜨겁고 강한 염원이 염력으로 정의의 유전자 에 깊이 새겨진 것입니다.

정의의 아버지는 돼지와 닭을 키우는 가난한 생활에도 불구하고 정의를 더 좋은 학교에 입학시키기 위해 그가 13살 때 규슈에서 가장 큰 도시인 하까다로 갔고, 이어서 16세 때는 미국으로 유학을 보내어 아들이 더 큰 세계를 보게 하였답니다. 그 후, 손정의는 일본국적에 한국성을 쓰는 유일한 사람이 되었고, 그의 아내는 일본인이면서도 성을

최초 조회 장면

바꾸어 한국 성을 쓰는 사람이 되었답니다. 아버지의 염원이 그대로 투영된 것이지요.

나눔의 제왕 빌게이츠

IT업계 최고의 갑부인 빌 게이츠의 경우는 그의 모든 것이 부모님이 만든 하나의 작품이라고 할 수 있습니다. 그는 실제로 그 말이 과언이 아닐 정도로 치밀한 부모의 관심과 교육 속에서 자랐는데, 빌 게이츠의 아버지는 시애틀에서 성공한 변호사로 공립학교의 예산 확충 캠페인을 주도했고, 어머니는 교직에 종사하며 모금 단체인 유나이티드 웨이의 자원봉사자로도 활동했습니다.

빌 게이츠는 이런 부모님의 영향을 받아 어린 시절부터 어린이 병원설립 모금 활동에 참여하는 등, 부모에게 기부의 기쁨을 배웠고, 성공한 후 자신의 재산 대부분을 사회에 기부하기로 결정했으며, 그

나눔을 실천하는 현미 쌀 빵 기업, 라팡

가 창업한 마이크로소프트를 떠나 기부활동에 전념해요.

　이렇게 그가 기부 왕이 되어서 제2의 인생을 사는 모습을 보면, 부모의 교육방식이 자녀에게 얼마나 중요한 영향을 끼치는지를 새삼 절감하게 됩니다. 변호사인 아버지와 교직자였던 어머니가 아들에게 얼마나 신실한 실천모델이었는지를 그의 언행과 현재의 일로 충분히 짐작할 수 있지요.

　미국의 부호들이나 유명인들이 유행처럼 벌이는 난잡한 삶을 전혀 보이지 않는 삶은 세계적인 모범이 충분히 될 수 있거든요. 정의나 앤디 또는 빌 등은 다 자연스러운 부모 염원의 산물이라고 보는 것이 가장 바람직한 견해인 것 같습니다.

14년 넘는 진한 사랑의 열매, 요셉

　요셉의 아버지는 엄마와 결혼하기 위해 무려 14년간이나 무임 노동을 했으니, 엄마를 얼마나 사랑했는지 알 수 있겠지요? 요셉의

순한 양을 돌본 착한 마음의 진한 사랑의 아버지

아버지는 그 14년간 그녀와 낳고 싶은 아이를 그렸는지도 모릅니다. 또한 그의 아버지는 이미 다른 사람을 통해 아들을 10이나 얻었으므로, 11번째 아들쯤이야 없어도 되지만, 그는 온갖 정성을 기울여 아내를 임신시켰고, 그 아들이 바로 요셉입니다.

위로 이미 열 명의 형들이 있었지만 다 고만 고만 했고, 유독 그만 큰 꿈을 품어 한 나라의 총리까지 되었지요. 그냥 총리가 아니라 완전히 두 나라를 흉년에서 건진 훌륭한 총리입니다(7년 풍년의 곡식을 저장하여 7년 흉년 때 이집트와 이스라엘 민족을 살렸음). 만약 그가 큰 꿈을 갖지 않았다면 당시의 흉년으로 인해 최소한 두 나라가 사라질 수도 있었겠지요.

이런 인물이 바로 아버지가 어머니를 끔찍이 사랑한 결실이었습니다. 14년을 일하고 얻은 아내니까 애지중지 하는 것은 물론 잠시도 떼어놓고 싶지도 않았을 것이며, 여기에서 태어난 아들이라 그렇게 신실하고 지혜로우며 하늘의 뜻을 아는 사람이었을 것입니다.

곧은 나무 결정

순도 100%의 아버지 사랑이 가장 지혜로운 사람 만들어

인류역사에서 솔로몬보다 더 지혜로운 사람이 없다지만, 그만큼 운 좋은 사람도 없을 겁니다. 역사상 가장 지혜로운 사람의 어머니와 아버지 사이는 어떠했으며, 둘의 애정이 어느 정도인지는 정확한 기록이 없어 알 수 없지만, 당시의 몇 가지 정황으로 보아 짐작은 할 수 있답니다.

솔로몬의 아버지 다윗은 솔로몬의 엄마를 차지하려고 거짓말과 살인도 했지만, 그녀의 간청에 따라 서자를 왕으로 세울 정도로 그녀를 사랑했답니다. 더구나 일국의 왕이 치사하게 아주 충성스럽고 신의 있는 부하를 죽이기까지 하면서 그의 아내를 빼앗은 걸 보면, 그만큼 그녀를 좋아했다는 증거겠지요.

그런데 그 사이에서 난 아들 중 하나가 바로 인류 역사상 가장 지혜롭다는 솔로몬입니다. 여기서 더 재미있는 것은 솔로몬이 출생신분으로는 왕이 될 수 없는데도 왕이 된 것은, 그의 아버지가 엄마의 간청을 들어주었기 때문이랍니다. 그만큼 솔로몬의 아버지가 엄마를 사랑했다는 증거이겠지요.

아버지의 바른 마음이 왜 그렇게 중요할까요?

마음이 유전자보다 더 큰 영향을!

유전자는 스스로 작동하지 못한대요. 반드시 조절단백질이 조종하고, 조절단백질의 배후에는 또 환경신호가 조종한다고 해요. 물질적인 것과 비물질적인 것이 다 영향을 미치지만 사랑이나 스트레스처럼 마음이 제일 크게 작용한대요.(강길전, 후성유전학)

아버지의 마음이 태아에게 미치는 엄청난 영향에 대한 중요한 근거는 이미 앞에서 확인한 대로 "유전자가 질병이나 생리현상을 일으키는 결정적 인자가 아니라, 단지 필요조건일 뿐"이라는 것입

환경의 영향이 유전자 발현을 좌우한다

니다. 인간을 조절하고 결정하는 중요한 인자는 유전자가 아니라 오히려 환경인자란 말이지요.

뿐만 아니라 환경인자 중에서도 "마음이 가장 크게 영향을 미친다!"니, "마음으로 이미 디자인한 아이가 있으면, 그대로 생명체의 설계도인 DNA가 완성되고, 그 아이가 그대로 생기는 씨앗을 내보낼 수 있다"는 말입니다. 그래서 우주에서 불려온 제가 처음부터 이렇게 자세하게 말씀드리는 것입니다. 저는 엄마 아빠가 생각으로 정한 후에 바로 불려 왔거든요!

이 분야의 대표적인 사람이 미국 위스콘신 의과대학의 세포생물학자인 브루스(Bruce Lipton)입니다. 그는 유전자가 없어도 세포의 기능이 유지된다면 유전자 대신에 무엇이 신호의 역할을 하는가 라는 문제를 연구했는데, 결국에는 바로 그것이 "에너지"라는 사실을 발견하였습니다. 마음도 에너지이므로 "에너지 신호"로 작용할

안 보이는 마음이 보이는 뇌에 큰 영향 미침

수 있으며, 오히려 "마음은 유전자를 조절하는 가장 중요한 요소"가
된다는 것이 그의 주장이지요.

이와 같이 임신과 태아의 성장에 마음이 절대적인 영향을 미
친다는 사실을 양자의학이 증명한 후라, 제가 처음부터 더욱 더 자
신 있게 안내할 수 있답니다. 디자인 된 아이가 더 선명하게 되도록
"식생활과 운동과 정신활동이라는 생활습관"을 늘 제대로 지키고,
그런 태아가 될 튼튼하고 건실한 씨앗이 생겨서, 자라는 것을 생활
습관으로 구체화하였습니다.

또 새로운 생명을 창조하는 순간에 가장 이상적인 태아가 생
기는 그림을 몇 개월을 그린 후, 이제 실제로 완전한 실체로 설계된
대로 개발을 마무리 하는 생명창조 단계에 왔습니다.

뇌 과학자들은 마음먹기에 따라 뇌세포의 마비된 부분도 회복시킬 수 있다는 증거를 확인하고, 새 생명창조 활동에도 마음으로 먼저 그런 태아를 명확하게 하는 게 필수라고 주장합니다. 먼저 생각으로 에너지 파동의 아이를 만들어두고, 실체로 보일 입자의 아이가 생기게 하라는 것이지요.

최선의 시간과 공간에서 만나요

그렇다면 정자가 난자를 만나게 할 때와 장소는 언제 어디가 가장 좋을까요? 이거야 말로 사람의 부모가 최선의 사람을 만들기 위한 3단계로 정말 중요한 이벤트거든요. 새로운 생명을 창조하는 성스럽고 숭고한 시점과 장소니까요. 상식적으로 보면 여성의 배란일을 맞춰야 하지요. 배란이 되어야 정자를 맞이할 수 있으니까요. 여성은 배란일에 가장 아름다운데, 그것은 여자를 여자답게 하는 에스트라다이올(Estradiol)이라는 호르몬 때문입니다. 이 호르몬의 양이 가장 많은 때가 생리 후 12, 13일째며, 그 때가 배란일이랍니다.

난자가 정말로 아름답게 꽃단장을 하고 백마 탄 왕자를 만나러 나오느라고 그렇게 아름다운가 봐요! 배란 때 엄마는 가장 여성스러워지고 그 아름다움이 밖으로 드러나므로, 실제 스킨십을 별로 즐기지 않는 사람도 배란일에는 스킨십을 허용하고, 원하는 마음이 들기도 한다니, 그게 숙명이고 바로 자연의 명령이지요!

여성이 가장 아름다울 때 남성이 느끼는 사랑의 감정은 물론 최대가 되겠지요. 사실 남성은 시각적인 자극에 끌림이 많대요. 연구에 의하면 여성은 청각자극에, 남성은 시각자극에 성적 매력을 느끼고 상대에게 호감을 갖게 된다는군요.

가장 아름다울 때

또한 시간도 중요합니다. 생명창조의 성스러운 행위가 아닌 경우에는 부부가 서로 원하면 언제나 사랑의 행위를 할 수 있지만, 생명창조인 경우는 가장 건강하고 영특한 최고의 아이를 만들기 위한 성스러운 활동이므로, 시간선택에도 신중해야 한답니다.

그런 의미에서 정자 난자의 만남을 위한 파티는 대체로 밤 11시에서 새벽 1시 사이가 가장 좋은 시간대라는 군요. 이 시간대가 자연의 기와 조화를 잘 이룰 수 있는 시간이랍니다. 물론 이 시간은 다른 모든 방해 요소가 없이 오직 엄마와 아빠만이 활용할 수 있는 시간이어야 하겠지요.

정자와 난자의 수정환경을 최선의 상태로 만들어, 아기의 선천적 능력을 높여주어야 한답니다. 따라서 정자나 난자가 가장 건강하고 자연의 기와 조화를 이룰 수 있는 창조시점을 조절하면, 반드시 훌륭한 최선의 만남을 이룰 수 있을 겁니다.

옛날 한국의 선비 집안에서는 아버지가 혼인한 아들과 꼭 사

최적의 시간에 만나요

랑채에서 함께 거처했대요. 그러다 보니 혈기가 왕성한 아들은 밤마다 안채 건너 방에서 홀로 지내는 아내를 그리워하면서도 금욕을 하지 않을 수 없었고, 수양을 할 수밖에 없었답니다.

높은 학식으로 궁합 택일에 능통한 아버지는 내당 마님을 통해 며느리의 생리일 등의 동태를 살펴 알고 있어서, 좋은 날을 택할 수 있었고, 좋은 날이 정해지면 그날 밤은 아무 말 없이 의도적으로 이웃 나들이를 해서 방을 비운대요. 그러면 아들이 어머니가 잠든 후 불이 꺼지면 안채로 들어가, 정기가 가장 왕성한 시간에 아내와 합궁할 수 있게 했답니다. 이렇게 치밀하게 실천해서 조금도 흠이 없는 아이가 잉태되게 했다니, 조상님들의 지혜가 놀라워요.

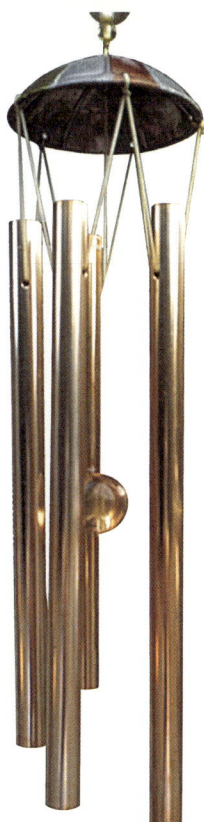

바람 불어야 만남

정자와 난자가 가장 활기 찰 때 만나게 해요!

정자와 난자의 좋은 유전자가 100% 발휘될 수 있는 수정환경은 자연의 기와 조화가 잘 되는 때가 좋으며, 다음은 임신의 타이밍을 유의하여 정하는 것이 좋아요. 사람의 능력은 타고나는 선천적 소질과 출생 후의 교육적 환경에 의해 결정되지만, 선천적 소질은 유전적 요인에 크게 좌우되며, 지금 제가 권하는 것은 그 선천적 능력도 의도적으로 더 좋게 할 수 있고, 오히려 더 완벽하게도 한다는 겁니다.

이것은 가장 기본 단위인 양자가 직접 작업하여 이루는 것이므로 정말로 틀림이 없습니다. 수정 타이밍이 안 좋으면 아무리 뛰어난 유전자라도 그 소질이 온전히 전해지지 않고, 수정단계에서 이미 상한 수정란이 있을 수 있으므로, 정자나 난자가 가장 건강한 때 수정되도록 창조시점을 조절하면 반드시 정상아가 잉태됩니다.

정자는 사정 후 약 80여 시간동안 수정 능력이 있지만, 건강한 상태는 48시간 정도이며, 그 후에는 서서히 노화되고, 난자는 배란 직후부터 노화되어 8시간이 지나면 노화현상이 심하답니다.

그러므로 이상적인 수정은 정자가 사정 된지 48시간 이내에, 난자가 배란 된지 2-3시간 이내에 이루어지는 것이며, 이는 난자나 정자의 노화로 인한 이상아의 출산방지는 물론, 신선한 난자와 건강한 정자를 수정시켜 튼튼하고 슬기로운 아기를 만드는 적극적인 의미가 더 크답니다. 이보다 더 좋은 선물이 있을까요?

이럴 때는 피하세요!

조선시대 임금님이 세자를 얻기 위한 합궁 때 피하는 날은 1차

가장 싱싱할 때 만나요

로 음력 초하루, 보름, 그믐날이었는데, 초하루와 그믐날은 달이 거의 보이지 않는 날이고, 보름날은 달의 기세가 꺾이기 시작하는 날로 기가 없기 때문이랍니다. 지금도 다음과 같은 때는 피하는 게 좋습니다. 심리적으로 안정이나 집중이 안 되기 때문이지요.

"큰 비, 천둥이 크게 치는 날 등 기상이변이 있는 때, 천재지변이나 사회적 불안이 있어 안정이 안 될 때, 심리적으로 불안하거나 다급한 상황일 때, 술을 마셔서 정신이 혼미할 때, 과식했거나 허기졌을 때, 중병 후, 크게 기쁠 때나 신경을 써야 하는 때, 흉년이 들었을 경우(탈무드), 전염병이 퍼지고 있을 경우(탈무드), 시험이나 업무적으로 중요한 계약 등이 있을 때, 어떤 사람과 심한 갈등이 있을 때, 감정적으로 정리되지 않은 것이 있어 불편할 때 등"

최적의 장소에서 창조한다!

옛날 왕조 때는 임금의 대를 이을 왕자를 동궁이라 했는데, 이는 왕세자가 거처하는 집이 왕이 머무는 정궁의 동쪽에 있었기 때문이랍니다. 방위의 정 중앙이 왕실에서는 정전과 중전이고, 다음은 동궁(東宮)으로 음양오행에서 동궁은 동녘의 목(木)에 해당하며 새롭다는 뜻과 출발이란 의미가 있어서, 새 출발이나 새 희망을 상징했답니다. 또 목은 무럭무럭 자라나는 생명력 있는 나무의 특성을 가진다는

초하루 보름 그믐은 삼가

의미이므로, 힘이 왕성하고 희망찬 새 출발이라는 군요.

사람은 우주 공간에서 그 질서와 운동에 조화롭게 순응하여야 하므로, 하늘의 이치와 땅의 기운에 순응하는 것이 마땅해요. 옛날에는 결혼도 가능한 한 새 기운과 새 생명이 움트는 봄철에 했대요. 굳이 봄철이 아니더라도 첫날밤은 동방에서 맞게 했답니다.

가정에서도 한옥이든 양옥이든 대문에서 집을 향하여 오른쪽이 동쪽이지요. 집이 남향이 아닐 때는 대문에서 안을 들여다봐서 왼쪽이 어른들 큰 방이고, 그 건너 방이 동궁이래요.

이렇게 보면 초야를 아무데서나 가질 것이 아니라, 즐거운 여행을 끝내고 가장 아늑한 신혼부부의 신방에서 안정되게 갖는 것이 가장 바람직하다고 할 수 있지요. 이렇게 좋은 장소가 되기 위해 유의할 것은 다음과 같습니다.

집안을 밝게 해요

즐겁고 밝은 마음은 건강한 아이를 만드는 데 기본입니다. 집

친숙하고 안정된 자기 집이 가장 좋아요

안을 밝게 꾸미면 마음도 덩달아 환해지고 그런 만큼 생활의 활력도 많아지니, 커튼, 침구, 식탁보 등도 밝은 색으로 꾸미고, 옷도 밝은 색이 좋습니다.

명화를 벽에 걸어요!

명화는 시각과 심리적 자극을 다 충족시키므로, 가능하면 거실이나 식당, 침실 벽 등에 걸어두고 자주 바라보면 정서 안정과 품위 유지로 인한 만족에 도움이 되어 아주 좋지요!

공기를 맑게 해요

집안에 탁한 공기가 흐르고 건조하면 기관지는 물론 두통도 생기는 등 건강에 좋지 않으니, 한 시간에 한 번씩은 환기를 시켜주고 가능하면 공기청정기를 사용하는 것도 좋으며, 젖은 빨래나 가습기로 습도를 조절해주는 것도 유익합니다.

이런 곳은 피하세요!

사람은 어떤 공간에 있는지가 직접적으로 영향을 많이 미칩니다. 조명에 따라 기분이 달라지고, 입은 옷에 따라 생각은 물론 윤리 도덕의 기준까지도 달라지는 것 등이지요. 그래서 사람들의 일반 의식이나 문화행사 등은 반드시 적절한 장소를 우선으로 꼽습니다.

모임에는 장소가 큰 의미를 주는데, 사람의 생명을 창조하는 인생 최대의 빅 이벤트를 아무데서나 할 수는 없겠지요. 일상적인 성생활과는 반드시 구분하되, 그냥 생활공간으로 하는 것이 가장 안전하고 바람직할 것입니다. 주위 환경은 기분은 물론 실제로 신

우리 집이 최고

체에 영향을 미치기 때문에 아래의 장소는 피해야 되겠지요.

　"응달이나 음지의 시설이나 지역, 습한 지역이나 습기가 많은 방, 습한 의류 침구류, 노천(露天), 큰 화롯불 곁이나 온도가 높은 곳, 신을 모신 신묘나 절간, 소음이나 진동이 심한 곳, 기분 나쁠 정도로 불결한 곳, 개인이나 사회적으로 아픈 추억이 있는 곳, 공포나 두려움이 생기는 곳, 공연히 피하고 싶은 곳, 큰 나무 아래나 나무 뿌리가 뻗어있는 곳, 수맥이 흐르는 곳, 환락가 등"입니다.

　세상에서 가장 아름다운 100% 사랑의 감정을 가지고 가장 적합한 시기와 조화로운 시간을 선택했는데, 참으로 성스러운 새 생명창조의 숭고한 행위를 아무데서나 할 수는 없겠지요.

성스럽고 안정된 분위기에서 만나게 해요!

　　음식의 간이 안 맞으면 맛이 없듯이, 생명창조의 숭고한 행위에는 음식의 양념 같은 감칠맛 나는 분위기가 꼭 필요합니다. 그러므로 우선 부부가 다 마음을 단정히 하고, 3개월 넘게 개발되고 20년 이상 다듬어진 정자와 난자의 만남답게, 정갈한 마음과 기쁘고 가슴 벅찬 환희의 순간을 만들어야지요. 그럼 좋은 분위기란 어떤 상태일까요? 가장 좋은 상태는 5감이 만족하는 분위기입니다.

시 각

　　조명은 너무 밝거나 너무 어둡지 않게 합니다. 불을 완전히 끄면 상대의 작은 표정과 신호를 읽을 수가 없으므로 은은한 조명이 좋지요. 분위기를 낸다고 가끔 촛불을 사용하는데, 촛불은 한두 개만 사용해야지, 많으면 위험하고 흔들리는 불빛이 정신을 산만하게

시 · 청 · 촉 · 후 · 미 5감 만족

합니다. 최대한 따듯하고 안정감 있는 색감을 사용한 이불과 침대 시트는 포근함과 편안함을 느껴서 좋아요.

청 각

다른 소음은 없는 것이 좋고, 아름다운 요정의 세계 같은 자연 환경을 나타내는 소리는 좋을 수도 있으며, 은은하고 편안한 음악이 흐르면 서로의 마음이나 근육이 이완되어 좋을 겁니다. 음악은 당연히 가사가 없어야 좋고, 사랑, 평화, 생명, 기운, 희망, 자연 등이 주제인 것으로, 들릴 듯 말 듯 하면, 음악을 들으면서 충분히 대화하며 감성을 자극합니다.

촉 각

사람은 촉감의 만족으로 산다고 해도 지나치지 않을 만큼 가장 중요한 감각입니다. 만남은 접촉이고, 접촉은 촉감의 충족이므로,

들어가 머물고 싶은 집

포옹하고 키스하고 애무하는 것은 다 촉감이며, 그 절정이 바로 성교에 해당하지요. 부부간의 모든 접촉은 다 성적 쾌감(촉감)을 만족시키므로, 촉감 활용이 성감대를 찾고 개발하는 지름길이라고 해요.

시·청·촉·후·미각을 다 자극하게

손잡을 때, 쓰다듬을 때, 포옹할 때, 키스할 때, 그리고 삽입할 때, 점차 접촉이 많아져서 쾌감을 더하고 결국은 정상에 오를 수 있잖아요! 그래서 산행할 때처럼, 이곳저곳을 살피고 더듬어보는 게 바로 성감대를 탐색하는 과정에 크게 도움을 준다고 하지요.

후 각

후각도 좋은 분위기에 도움이 커요! 냄새가 기분을 죽이고 살리잖아요. 좋은 향기는 마음을 이완시키고 서로를 더 가깝게 만들지요. 향을 이용할 수도 있지만, 너무 자극적인 향은 피해야 합니다.

가장 좋은 것은 애정의 냄새, 즉 사랑의 향기지요. 서로가 가지고 있는 천연향기, 은은한 살 냄새, 타액의 달콤함, 이불이나 옷의 맑은 물 냄새 등이 사람을 매혹시키지요! 향수나 향이 짙은 로션 등은 순수함이나 참 맛을 잃게 하고 머리를 아프게 해요! 그냥 살 냄새나 머리에서 나는 향, 달콤한 숨 냄새가 가장 좋다는 군요!

소화와 기분에 즐거운 식사

미 각

　　미각은 생명창조의 숭고한 행위 전에 조심해야 할 것이 많아요. 가능한 한 자극적인 음식을 피하고 거나한 식사도 피해야죠. 사람은 물통이니까 물이나 적당히 채우는 것이 가장 좋은데요, 초콜릿이나 아이스크림, 신선한 야채나 과일 주스, 좋은 향이 나는 아로마 차나 허브 차, 시원한 생수 등을 준비하면 안전해요!

사랑과 행복이 생명을 창조해요

저는 우주에서 불려왔지만, 엄마 아빠가 완전한 저희모습을 그려두고 씨앗을 개발하고 옥토를 준비하는 동안, 다양한 또래들을 불러 모아 그 모습을 구체적으로 다 채웠습니다. 이제부터는 지금까지 그린 아기의 이름을 부르고, 그 모습을 구체적으로 그리면서 준비해온 그런 아이가 실체로 드러나게 하는, 참으로 인생에서 가장 숭고한 일을 하는 단계입니다.

아기를 갖는 것은 새 생명을 만드는 독특한 작업으로, 사람에게 주어진 가장 숭고한 일인데, 그것은 그만큼 사람의 생명이 귀하기 때문이며, 아무도 감히 생명을 만들 수 없기 때문입니다. 과학으로 실험실에서 만들 수 있다고 맘대로 만들 수 있는 것도 아니지요. 아기를 만들 수 있고 가질 수 있는 것은 일생에서 특정 기간 부부에게만 주어진 특권입니다! 그만큼 특별하고도 숭고하지요.

원래 사람의 생명을 만드는 것은 신(우주적 지성)의 영역입니다. 그래서 아기가 생기게 하는 것은 우주의 지성과 공동 작업을 하는 것이지요! 그것은 사랑하는 사람의 아기를

파동의 아이를 입자로

창조 일념

갖는다는 것보다는 훨씬 더 큰 의미가 있는 성스러운 일이거든요.

참사랑이 가득한 사람들과, 자연 질서를 설정하고 유지하는 우주적 지성과, 아직은 안 보이는 생각의 아이와 공동 작업을 하는 것입니다. 참사랑과 참 행복이 가득할수록 좋겠지요! 그래서 사람은 원래 사랑과 행복의 산물이라고 하지 않나요?

생명창조의 즐거움!

부모가 최선의 사람이 될 새 생명을 창조하되 지금까지 없었던 탁월한 사람을 생기게 하는 것입니다. 생명창조는 신의 문화를 인간에게 적용하는 것이므로, 감히 다른 잡념을 가져도 안 되고, 망령되거나 경박한 행동을 해서도 안 되며, 오로지 아내와 남편과 아기만 생각하면서, 그 신성한 원 임무에 충실해야 됩니다.

서로에게 최선의 봉사를 하며, 둘이 한 몸을 이룬다는 본래의 뜻대로 반드시 특별한 의미를 두어야 됩니다. 격렬하게 즐거움을

생명창조와 탄생은 쾌감 절정에서

창조할 수도 있지만, 상대를 사랑으로 감싸고 이해하여 수준 높은 문화를 창조하는 고상함이 있어야 됩니다.

오죽하면 "창조주는 신이 되는 비법을 남성과 여성에게 절반 씩 은밀히 숨겨놓고, 섹스를 통해 신이 되게 하시고, 새로운 삶의 환희를 느끼게 하며, 자손을 이어가게 하셨다."(김혁)는 말이 있을까 요?

이런 말은 사람들은 잘 모르지만 저희들은 다 아는 겁니다. 그 러니 반드시 디자인하고 개발한 아기를 초청하여 불러들일 수 있어 야 되며, 그냥 둘만 즐기거나 의식을 치르는 것이 아니라, 디자인한 아이가 창조되어야 합니다. 파동의 아이가 입자의 아이로 결합되는 순간을 연출하는 결정적 작업입니다! 파동의 아이와 입자의 아이가 합해져 실물로 나타나는 순간입니다.

저는 처음 디자인 되었을 때부터 불려왔지만 다른 또래들은

한국 조상들이 개발한 볍씨(고양시 600년 소개)

나중에 점차 모였습니다. 그렇게 해서 오늘은 모두가 즐겁게 만나고 합해서 완전한 모습이 되는 파티를 하고 아주 뚜렷이 잡힌 한 인격체가 생기는 날이지요.

　한 달이나 아이의 이미지를 그리고 구체적으로 그의 특성을 나열했으며, 그런 아이가 생기게 할 튼튼한 씨앗과 씨앗이 자랄 비옥한 옥토를 만드느라 무척 절제하고, 식사와 운동과 좋은 마음 갖기를 3개월 넘게 실천했습니다. 그런 만큼이나 순간순간이 즐겁고 기대되었으며, 아이가 생길 원재료를 아주 양질로 준비했습니다.

　이제 이미지로만 있던 아이의 실체를 만드는 생명창조 작업을 하는 환희의 순간이고, 신비를 즐길 수 있는 시간입니다. 그 대단한 특권과 기대가 현실로 이루어지는 순간이기도 하지요. 이젠 그의 이름을 불러 들여, 아예 세 사람이 함께 즐거운 의식을 갖는 자리로 생각해야 됩니다.

　창조주가 그 모습을 보시고 흐뭇해하실 것을 상상하고 신비로

자연이 설계한 웅장한 아름다움

운 세계를 경험하려면, 참으로 진지한 사랑이 전제되어야 하고, 참으로 착하고 영특하며 예쁜 아기와, 창조활동을 완전하도록 도우는 우주적 지성도 출연하는 환상적인 이벤트가 되도록 해야겠지요. 바로 이것이 신과 인간이 함께 하는 생명창조 작업입니다.

왕성한 생식기능이 바로 큰 복이랍니다!

어제 신혼여행에서 돌아온 부부의 집을 소개하겠습니다. 그런데 아침부터 이집에 난리가 났어요! 왜 그런지, 잠깐 들어보시지요.

"자기야, 냉장고가 왜 이래? 냉장고에서 더운 바람이 나와! 어제 옮겨놓고 코드 안 끼웠나?"

"어, 아닌데 꽂혔어!"

"그럼 스위치 오프 된 것 아냐?"

"아니야, 문을 열면 불은 들어와."

"그럼 왜 그렇지? 이따 에이 에스 부르지 뭐. 급한 거 아니잖아, 그냥 둬! 오늘은 아직 출근 안 하니까 천천히 해!

뉴스를 보려고 티브이를 향해 리모컨을 조작하던 신랑의 인상이 일그러지며, 입이 실룩거리더니, 급기야 소리를 지릅니다.

"아니, 왜 방송이 안 나와? 채널이 다 돌아가는데 왜 영상도 사운드도 안 나오지? 차라리 먹통이면 체크라도 해보지? 화면이 환하게 정상으로 보이면서 영상도 소리도 안 나오네? 이게 뭐 세계 최고 3D 티브이야? 혼수 세트로 특별 주문한 거라며? 이상하다 이게 왜 이렇지? 하니, 텔레비전 이거 설치하고 테스트 해본 거 맞아?"

"몰라, 난. 엄마가 다 이상 없다고 하셨어!"

잠시 침묵이 흐르더니, 이번에는 새 신부가 소리를 지릅니다.

"자기야, 큰일 났어! 밥이 생쌀이야! 어제 저녁에 시간 맞춰뒀는데, 시간이 그대로 있어. 불은 들어 왔는데, 왜 밥이 안 되었을까?"

"에이 그럴 이가 있나? 하니가 스위치 온 안했지?"

"아니야, 다 제대로 했어! 이 제품 내가 집에서 자주 써본 거라 잘 알아! 성능도 좋고 익숙해서, 일부러 이거 사 달랬는데, 이거 베스트 상 획득한 최고 모델이야! 이상하다 자기야 왜 이렇지? 그냥 이렇게, 이렇게 차례로 해두면 시간 맞춰 아주 잘 되었는데?"

"급할 거 없어 그냥 빵 먹고, 신고해서 점검해보지 뭐!"

이제 빵이랑 잼이랑 크림이랑 다 내어 놓고, 커피포트에 물을 받아 올려놓고 스위치를 누른 후, 컵이랑 설탕, 스푼, 포크, 나이프 세트 다 챙겨 놓고는, 토스터에 빵을 넣고 가볍게 스위치를 내립니다. 그리고는 둘이 생긋 웃으며 식탁에 앉으려다, 가볍게 포옹을 한 후, 참 행복한 표정으로 자리에 앉습니다. 그런데 커피 잔에 물을 부으려고 커피포트를 기울이던 신랑이 갑자기 "어!" 합니다.

"왜, 자기야!"

"얘가 왜 이렇게 서늘해? 얼씨구, 물이 안 끓었네!"

"아까 분명히 파워 눌렀지?"

마음이 고장이면 다 고장

"응, 지금도 빨간 온 싸인 들어와 있어!"

"그래? 근데 왜 물이 아직도 푹 자고 있지? 이놈이 지금쯤 뜨거워서 펄쩍 펄쩍 뛰어야 되는데, 지금 조용히 주무시고 있잖아? 이놈이 날 닮았나? 아주 숙맥이군! 야, 임마, 빨리 좀 끓어!"

그때야 신부가 또 소릴 칩니다.

"토스터가 그냥 있어! 오늘 얘들 다 왜 이러지?"

그러고 보니 토스터가 서늘하고 식빵 두 쪽이 굽히기는커녕 시원하다고 싱글싱글 웃고 있네요! 참 이상하지요? 냉장고도 티브이도 밥솥도 커피포트도 토스터도 어째서 제대로 안 되는지 사람들은 모르지만 양자인 저는 다 알고 있답니다.

저는 두 사람의 생각도 알고, 신혼여행 후 첫날인, 지난밤의 대화도 다 알거든요. 세상에 우연은 절대 없어요. 저희 양자 수준에

마음이 편하고 발라야 아름다움이 보여

서 보면 다 필연이지요. 흔히 하는 말로 "공든 탑이 무너지랴, 세상에 공짜는 없다, 아니 땐 굴뚝에 연기 날까 등"을 봐도 결코 우연은 없어요! 금방 앞에서 도대체 "어떻게 생각으로 최선의 사람을 만든단 말인가?"라고 다그쳤지요?

마음에 따라 달라

그래요! 가슴에 손을 얹고 냉정하게 생각 좀 해봅시다. 이 부부가 정상으로 생활하려면 주변의 모든 기기가 다 정상으로 제 기능을 발휘해야 하는데, 기기들이 정상적으로 작동이 안 되면 그건 갖다 버려야지요. 아무리 돈을 많이 준 세계 일류제품이라도 제 기능을 못하면 무조건 폐기해버려야 합니다.

그런데 결혼은 왜 했는지 생각해 보셨나요? 그냥 젊은 남녀가 성인이 되었으니 부모를 떠나 새로운 가정을 만들자는 생각인가요? 어쨌든 그 답도 참 좋아요. 그럼 가정은 또 뭔가요?

한국어 사전에는 "부부를 중심으로 혈연관계자가 함께 살고 있는 사회의 가장 작은 집단"이란 정의가 있어요.(한컴사전) 그럼 혈연관계는 어떤 사람들이지요? 역시 사전에는 "부모와 자식, 형제자매를 기본으로 하여 그 관계의 연쇄에 의하여 이어지는 관계"라고 했어요. 그러면 가정의 기본 구성요소에는 혈연관계자 즉 부모와 자식 그리고 형제나 자매가 반드시 있어야지요. 이를 좀 뒤집으면 혈연관계자가 없으면 가정이 구성되지 않을 수도 있단 말입니다.

가정과 가족

"애, 양자야, 넌 보이지도 않게 작아서 그런지는 몰라도 참 쫀쫀하게 따지기는 잘 한다. 지금 따끈따끈한 신혼부부에게 너무 사늘하게 따지지 말고 좀 따뜻한 얘기하자, 응!"이라고 하고 싶죠?

말씀 참 잘 하셨습니다! 저는 정말 따뜻하고 싶어서 이럽니다.

정말 저도 뜨거워야 이렇게 오지, 서늘하면 그냥 우주에 있고 이렇게 안 와요! 저는 이 신혼부부가 정말로 일생을 따뜻하고 아기자기하게, 아주 화목하게 잘 살기를 바라서 이렇게 열을 올리고 있습니다. 자기도 있고 아기도 있어야 아기자기가 되잖아요? 그런데 이집이 신혼가정 맞아요? 가정이면 아기자기한 행복가정이어야 하지요! 하지만 자기만 있고 아직 아기는 없어요!

"야, 이 철없는 양자야! 넌 안다면서, 도무지 뭘 안다는 거니? 지금 막 신혼여행에서 돌아와 하루 잤는데 무슨 아기가 있겠니? 누굴 속도위반 범인 되길 빌어? 아직 아기가 생기지도 않았는데 어떻게 이 집에 아기가 있니? 겨우 결혼 일주일째야! 신혼부부가 뭐 재료 넣고 아기 찍어내는 사출기냐, 압출기냐, 3D 프린터냐?"

아마 이런 말씀을 하고 싶으실 겁니다. 예, 맞는 말씀이고요, 기분 충분히 알아요! 그분들은 기계가 아니라 사람입니다. 기계는 아기가 보여야 아기가 있는 것이지만, 사람은 생각 속에 아기가 있으면 아기가 있는 겁니다. 특히 저는 다 알아요. 사람은 안 보이면 없다고 하지만, 저는 다 보고 있어요.

그런데 이 부부에게는 아기가 없어요. 배속에는 말할 것도 없고, 생각 속에 아기가 없다고요! 먼저 생각에 아기가 있어야 실제로 보이는 아기가 생기지요! 아기란 말도 없어요. 언제 갖자는 생각도 없고 말도 없어요! 아예 안 가졌으면 해요. 그러면 정말 없는 겁니다.

더 변명이 필요 없어요. 아예 스쳐간 흔적도, 공기도 없어요. 이분들은 생명체가 아니에요. 생명체는 생명체 본래의 기능을 해야 돼요! 부부에게 기본기능은 일단 먼저 아기를 갖는 것입니다.

원래 도저히 남과는 할 수 없는 것을 부부만 할 수 있고 즐길 수 있는 것이 뭔데요? 그게 바로 사랑의 합궁이잖아요? 이 특권은 그냥 즐기고만 있으란 건 아니거든요. 원래 그건 생식기능이라고요! 생식기능을 실제 생식이 없이 형식으로만 수행하는 것은 자연

마음에 없으면 이 아름다운 놀이도 못해

을 기만하는 것이고, 부부 본래의 기능을 제대로 수행하지 않는 것이라, 스스로에게 직무 태만이 되는 일종의 범죄가 될 수도 있다고요! 아기를 안 갖는 것은 자연에서는 기본의무를 수행하지 않는 것이므로 범죄라고 봅니다. 동물이든 식물이든 모든 생명체는 반드시 생식기능을 수행하여 이 땅에서 자신을 대신할 다른 개체를 만들어 두고 세상을 떠나게 되어 있지요.

만약에 과일 나무가 열매를 맺지 않으면 당장 잘라 죽여 버리고 뿌리도 뽑아 버리잖아요? 가축이 알이나 새끼를 안 낳아도 죽여 버려요. 곡식이 열매를 맺지 않으면 그냥 잘라버리거나, 깨끗이 불에 태우고 말지요!

이렇게 자기를 대신할 후세를 만드는 게 원래 자연의 본능이고 질서이며, 그것을 어기면 차라리 이웃이나 잘 살도록 자원을 낭비하지 말고 빨리 없어지라는 것이 자연의 법칙입니다.

모든 생물은 반드시 번식해야

이렇게 생명체의 기본 사명은 원래 선한 목적을 위한 일을 하면서 이웃에게 이로운 도움을 주는 것이므로, 반드시 내가 이 땅을 떠나기 전에 나를 대신해서 이 사회에 기여할 사람을 만들어 놓는 것이 가장 우선 의무입니다. 사람의 경우는 이것을 어기면 사회가 유지되지 않으므로 자연의 의무는 물론 사회적 의무도 다 못하는 것이 되지요. 워낙 이 사명이 중요하기 때문에 가능한 한 젊고 활력이 있을 때 이루라고 일정 기간을 정해놓은 것입니다. 그래서 결혼도 젊을 때 해요!

뿐만 아니라 여자는 그 기간만 여자라고요. 여자를 나타내는 말은 동양에서 女(계집 녀), 서양에서 Woman(여자)인데 이 말들이 생긴 근원을 찾아보면 참 깊은 의미가 있어요! 먼저 동양에서 쓰는 한자의 "女"는 일곱을 의미하는 七을 두 개 마주 놓은 모양이거든요.

이 마주보는 두 개의 7을 합하면 14가 되고 두 수를 곱하면 49

女자는 7 두 개를 마주 놓은 것과 같고 여자는 자궁을 가진 사람이다

가 돼요. 여성에게 14와 49라는 숫자는 대단한 의미를 갖는다면서요? 여자의 일생에서 이보다 더 큰 충격의 숫자는 아마 없을 거라는데요. 사람에 따라 다르겠지만 공통적으로 이 두 수에는 모두 기겁하기도 한답니다.

대체로 14세에 초경이 되고 49세에 폐경이 된다면서요. 그래서 여자란 정상으로 멘스를 하여 자궁이 제구실을 하는 기간인 14세에서 49세까지만 여자래요. 자궁이 제구실을 못하면 여자가 아니랍니다. 그러니까 폐경 후에는 피부도 음색도 머릿결도 거칠어지고 사는 맛이 없어진다고 하던데요.

또 영어 Woman이라는 말은 그림처럼 자궁(Womb)을 뜻하는 말에다 사람을 뜻하는 말을 합한 것이지요. 두 말이 합하여 Womb + man이 되니 b는 원래 묵음이라 없어졌고 m은 자음이 겹치니 탈락됐지요. 그래서 아주 보기 좋은 Woman이 되었대요.

이는 곧 여자란 자궁을 가진 사람이란 의미지요. 이러고 보면

나이와 계절의 아름다움

말이 갖는 동서양의 의미가 일치하고 서로 보완적이라 아주 좋죠. 이 심오한 의미를 잘 새겨서 반드시 자궁이 제구실을 하게 해야 바른 여자임을 자각하고 원래 주어진 임무를 잘 수행하시라고요!

멘스가 있어서 자궁이 제구실을 하는 한, 반드시 둘 이상은 낳아서 부부를 대신하게 해야 의무를 다 하게 돼요. 만약에 그렇게 안 하면 모든 생식기능은 폐기시켜야 하는 게 자연 법칙이니까, 이를 심각하게 생각해야 됩니다. 그것이 자연법칙에 순응하는 것이니, 원래의 목적을 수행하지 않으면 없어져야 마땅한 것 아닌가요?

원래 조물주가 사람을 만들어놓고 복을 준 뒤에 제일 먼저 준 사명이, 신나게 살면서 많이 낳으라는 것이었대요. 그래서 부부에게 최대의 쾌감을 즐길 수 있게 했다니 고맙지요! 뿐만 아니라, 사람을 만들어 낙원에다 놓고는, 낙원을 가꾸고 지키라는 노동을 명했대요.

그런데 사람은 반드시 죽으니, 죽은 사람을 대신해 그 낙원을

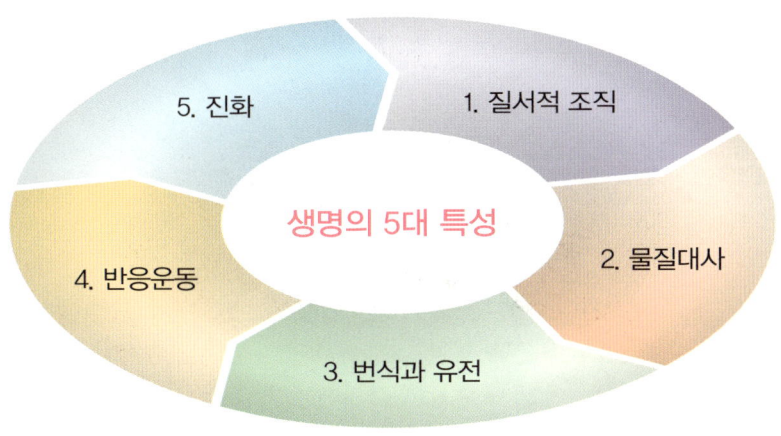

생명의 특성(이정모, 모든 생명은 질서를 추구)

가꾸고 지킬 사람을 키워 놓고 죽어야 의무를 다 하는 것 아닌가요?

이제 멀쩡하지만 제 기능을 못하는 냉장고, 티브이, 밥솥, 커피포트, 토스터 등 신혼 세트 다 갖다 버려요! 물론 낳고 싶어도 못 낳는 부부나, 자신이 선택하지 않은 이상으로 인해 불가능한 분들이 있을 수는 있지만요, 원래는 아무도 불임이 있을 수가 없고, 다 정상으로 생식기능을 잘 수행할 수 있게 했는데, 남자든 여자든 사람들의 실수로 그럴 수 있답니다.

그러나 그런 사람도 진실로 원하면서 "음식과 운동과 생각"으로 생식기능을 회복시킬 수 있는데, 그것이 바로 사람에게 처음부터 넣어 놓은 자연치유기능이랍니다.

"양자야, 제발 뭘 좀 알고 얘기해! 그래, 자연법칙이나 자연질서, 사람의 기본의무 잘 알겠는데, 너 아이 하나에 교육비가 얼마나 되는지 알아? 지금 이 신혼부부 둘이서 아무리 해도 월급으로는

아름다운 열매들, 사람도 이래야!

아이 둘 대학까지 보낼 수 없어서 아예 생각도 못해.

아이고! 그 현실진단, 정말 정확하게 잘 하셨어요! 계산도 잘 하셨고요, 정말 혜안을 가지고 계시는군요! 그러나 제가 보기에는 아직 한 면을 못 보고 계십니다. 그래서 제가 안타깝고 정말 가슴이 답답해요. 왜, 사람들은 꼭 지금의 조건에서 모든 것을 고정시켜놓고 생각할까요? 제가 보기에는 다르게 생각해봐야 할 점이 있어요.

설계와 양육에 따라 온전한 사람

1. 우선 왜 그렇게 교육비에 겁을 내요?

교육비는 거의 안 드는 아이를 만들고 낳고 키울 수 있다는 것을 전혀 생각하지 않고 있어요. 지금의 교육제도나 현상이 최선이 아닌데 왜 여기에 목을 매고, 일생이나 미래에도 고정될 것으로 보시는지 궁금해요. 교육제도나 환경이 얼마든지 바뀔 수 있고, 또 바뀌어야 하며, 교육비는 한 푼도 안 드는 아이를 키울 수도 있는 기막힌 방법을 사람들이 모르고 있다는 게 정말 안타깝습니다.

2. 모든 사람이 다 반드시 대학에 가야만 되나요?

한국의 고교졸업자 80%이상이 대학에 진학하고, 졸업 후에는 겨우 50%정도가 정규직에 취업하는 악순환을 수년 계속하고 있습니다. 심지어 20년간 공부하고 박사학위를 취득한 사람도 그냥 놀거나 겨우 시간

뱀이 허물을 벗듯 반드시 옛 틀을 벗어야

강사로 세월을 보내는 비극도 있어요. 굳이 대학에 가지 않아도 자신이 타고난 대로 살면 얼마든지 행복하게 살 수 있다는 가능성을 부모들이 전혀 생각하지 않는 게 정말 안타까워요.

3. 대학의 등록금은 꼭 그렇게 높아야 되고, 대학에 가는 사람은 반드시 다 등록금을 내야 되나요? 어떤 사람은 대학에 가지도 않지만, 자기가 하고 싶은 것을 가장 잘 하는 대학에 가면서도 등록금 한 푼도 안 내고 가는 사람도 있습니다. 아예 태어나기 전에 이렇게 디자인하면 우주공간에 있는 무한한 자원이 끌려 들어와 그런 아이가 태어나는 것을 모르고 있는 게 역시 우스워요!

4. 우주에는 착하고 똑똑하며 잘생기고 재미있는 사람이 얼마나 많은데, 찾아보지도 않고, 다 지금 있는 사람들만 생각하고 그런 아이만 낳는다고 생각해요? 자기가 태어나고 자신이 자란 환경에서 한 치도 벗어

나지 못하는 것이 마치 "우물 안 개구리"같아요.

5. 앞에서 "아이의 최종모습"을 그려둔 부모처럼 그렇게 미리 아이의 모습을 그려놓고, 그런 아이를 염원하면, 저처럼 우주에서 반드시 불려온다는 것을 왜 몰라요?

6. 양자물리, 양자생물, 양자의학, 후성유전학, 양자심리학 등이 주장하는 바를 왜 받아들이지 않고 지금의 한계에서만 생각해요?

　　미래학자 누가 한 말이 기억나는 데요, "미래에는 못 가져서 가난한 것이 아니라, 몰라서 가난해진다"는 말은 진리입니다.

　　교육비가 무섭고, 돌봐줄 사람이 없으며, 젊을 때 더 놀고 싶은 데 아이에게 시달리기 싫다는 생각에 빠져있지 말고 빨리 나오세요! 교육비는 제로가 될 수 있고, 돌봐주는 것도 국가와 사회 및 조부모와 이웃이 해주니 걱정할 필요가 없어요.

　　젊을 때는 아이를 자라게 돕는 것이 첫째 사명이므로, 그런 자연의 엄명을 무시하면 생명이 어려워져요. 따라서 일단 신체 정신 정서 영혼이 활기차게 살기 위해서는, 가능한 한 많이 낳아야지요. 그게 생명체 본래의 기능이고 사명이며, 자기만의 그런 특별한 사람을 생각하고 생기게 하는 것이 의무임신기간 부부의 첫 의무입니다. 최소 둘 이상을 낳되, 반드시 남다른 사람으로 키워야합니다! 생각만 하시면 저 양자가 완벽하게 도와드립니다!

과학적 근거가 확실해요!

이제 지금까지 제가 말씀드린 "생각으로 아이를 먼저 설계해서 구체화하고, 15주 동안 그런 아이를 만들 정자와 난자를 개발하고 준비시킨 후, 신중하게 선택된 시간과 장소, 환경 속에서 합궁을 하면 반드시 그런 아이가 생긴다!"는 것을 과학자들의 증거로 확인하시기 바랍니다.

과학자들의 연구 결과나 이미 적용되고 검증된 사례, 한국의 조상들이 주장하고 적용했던 관습 등을 살펴보면 지금까지 제가 드린 말씀이 확실한 과학적 근거가 있다는 것을 확인하실 수 있습니다. 이미 앞에서 여러 곳에 과학적 사실을 제시했습니다만, 다시 정리해서 확실히 알고 자신 있게 실천하실 것을 권합니다.

양자의학의 증언

먼저 과학자들이 증명한 바를 들어보시겠어요?

양자이론에 의하면 우주공간은 텅 빈 게 아니라 활성정보 또는 초양자장이나 집합무의식으로 가득 차 있답니다. 사람들이 의식하지도 않고 볼 수도 없지만, 생활공간에는 무수한 종류의 전자가 무한히 움직이며 활동하고 있는 것과 같다고 할 수 있지요.

사람들의 눈에는 안 보이지만 실제로 존재하고 움직이며, 어떤 것을 이루어 일이 되게 하는 것들이 참 많습니다. 그런데도 한 사람이 이 땅에 태어나기까지, 사람들이 전혀 생각지도 못하는 수많은 미세한 작용을 거친 것을 아무도 안 따져요.

수많은 학자(물리, 생물, 철학, 심리 등)들이 인간의 건강과 편의와 행복의 증진을 위해, 보이지 않는 미세한 현상에 관심을 갖고 연

우주는 초 양자 장, 집합무의식, 우주적 지성이 충만

구를 통해 밝혀내고 있는 사실들을 아주 조금이라도 확인하고, 그 분들에게 감사를 전하는 것이 마땅할 겁니다.

지금까지 확인된 바로는 생명체가 생기기 위해서는, 가장 작은 "쿼크(원자의 1/1억)→ 양(중)성자(원자의 1/10만)→ 원자핵(원자의 1/1만)→ 원자(1)→ 분자→ 세포→ 조직→ 장기→ 개체"로 모이고 합해져서 쿼크나 저희 양자 수준에서는 상상도 못할 새로운 생명체가 된다고 합니다. 정말 아찔할 정도로 미세한 입자들의 활동이 쉴 새 없이 전개되어 하나의 완전한 생명체를 만들어내고 있습니다. 물론 미세한 입자들만 모여서 생명체가 되는 것은 아니고 반드시 정보-에너지장이 작용해야 된다는 것도 인정하시기 바랍니다.

그러나 학자들이나 원자부터 생각하지, 보통은 실체로 눈에 보여야 인정하지요. 사람의 경우에도 보통은 임신 뒤나 심지어 태어난 뒤부터 관심을 가지니, 그 전에 벌어지는 어마어마한 활동과

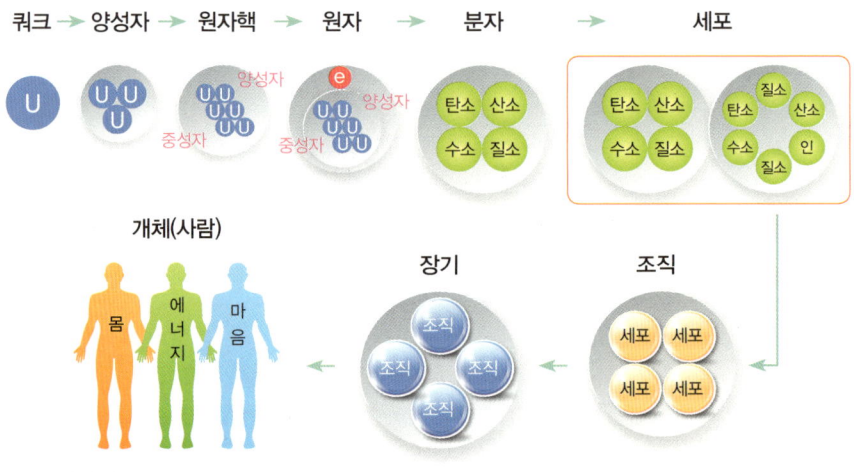

물리석인 사람

거대한 교량도 건물도 비행기도 강물도 미립자에서

정을 깡그리 무시하는 과오를 범해요. 어쨌든 원자를 1로 했을 때, 모든 생명체는 그보다 훨씬 더 작은 입자나 파동(에너지)에서 출발하기 때문에 저 같은 양자가 그 미세한 현상을 얘기해드리는 것입니다.

어떤 학자들은 생명체의 근원을 바로 우주공간에 꽉 찬 "활성 정보 안에 있는 양자들 중, 같은 파동끼리 모여 선한목적을 이루기 위해 보다 상위의 존재로 진화하는 힘(에너지, 의식)"이라고도 합니다. 이렇게 동일 파동이 모여 원자라는 입자가 되고, 그 원자 역시 동일한 파동의 다른 원자와 합해 분자가 되며, 분자도 동일한 진화 과정을 거쳐 세포가 된다는 것이지요.

더욱이 이들이 상위 단위로 진화하는 것은 언제나 보다 나은 선한 목적을 지향하면서, 반드시 이웃에 도움이 되어준다니 그저 놀라울 뿐입니다. 또한, 혹시라도 손상을 입으면 스스로 회복하는

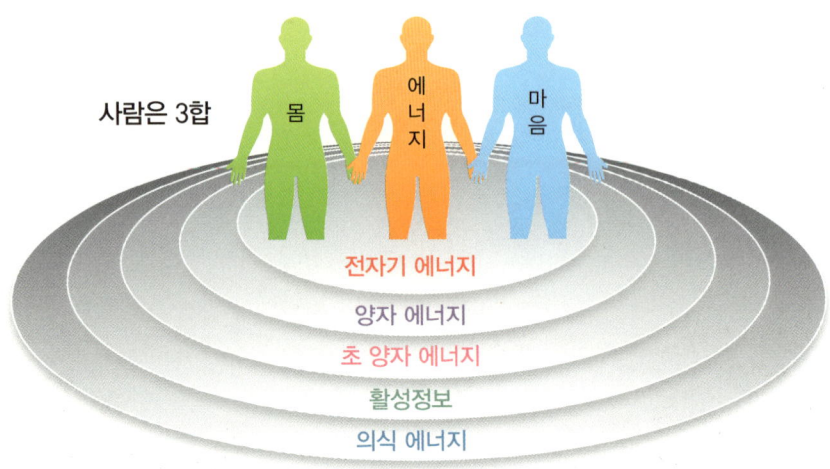

사람은 3합

몸 / 에너지 / 마음

전자기 에너지
양자 에너지
초 양자 에너지
활성정보
의식 에너지

에너지 덩어리의 구분

자기치료 기능도 있어서 항상 원래의 모습으로 복원된답니다.

　이렇게 세포는 다시 상위의 조직으로, 조직은 장기(臟器)로, 그 다양한 장기들이 모여서 완전한 개체인 사람으로 된다는 것이지요. 이런 현상은 물질의 내장질서인 자기조직화에 의해 높은 차원의 선한 목적을 향해 진화되고, 이웃에 유익한 영향을 끼치며, 상한 부분을 서로 도와 치료하면서 회복하므로, 완성된 생명유지에는 반드시 엔트로피를 증가시키지만, 생명체로 완성되기까지는 엔트로피를 감소시키고, 무질서를 질서화 한다니, 얼마나 경이로워요!

　또 인체에는 고유의 양자에너지장들이 있고, 필요하면 고차원으로부터 양자에너지를 흡수 하여 조직을 안정시키기도 한답니다.

　양자물리학자 데이비드 봄은 "인체에는 전자기에너지가 있고, 전자기에너지에는 양자에너지, 양자에너지에는 초양자에너지가 있으며, 조양자에너지에는 활성정보가 있는데, 이 활성정보가 바로 의식에너지"라고 했어요.

그래서 이제 저의 고향이 밝혀졌고, 생기지도 않은 아이의 특성을 아주 구체적으로 쓰신 엄마 아빠의 의식에너지가 저를 끌어왔다는 사실이 밝혀졌습니다. "와—아—, 기분 좋다!"이제 좀 개운하네요.

또한 모든 물질의 가장 기본이 되는 미세에너지에는 다음과 같은 특성이 있다고 합니다.

1. 미세에너지는 생물과 무생물 모두에 있고 주위의 공간에도 있기 때문에, 사람 몸속의 미세에너지는 환경의 미세에너지와 상호작용으로 평형을 유지한다. 즉, 미세에너지 차원에서 보면 인간은 다른 사람, 다른 생물, 다른 무생물, 그리고 우주공간 등과 에너지를 교환하는 개방계(open system)이다.
인체의 미세에너지가 개방계이기 때문에, 그것이 확대되면 전 지구적 의식으로 이어지고, 따라서 어느 개인, 사회 혹은 국가의 에너지 흐름이 붕괴되면 전 지구적인 질병으로 나타날 수도 있다.

2. 인간은 미세에너지 차원에서는 개방계이기 때문에 엄마와 아이 간의 에너지 교환이 가능하고, 따라서 수십만 리 떨어져 있어도 아이가 위험하면 엄마는 느낄

강아지도 투입 가공 산출을 반복하는 체계

미세 에너지의 특성

수 있다.

〈서울의 어머니가 미국에 있는 딸의 죽음을 알고 확인 전화를 했다. 종로에 사는 한 여인이 새벽기도를 갔는데, 자꾸 딸의 시체가 보여 바로 집으로 와서 미국에 있는 딸에게 전화를 했다. 사위가 전화를 받기에 딸을 바꿔달라고 했더니, 방으로 들어간 사위가 침대에서 심장마비로 죽어 있는 딸을 확인했다.〉

이런 현상은 전자기에너지나 기존의 생물학, 의학으로는 설명할 수 없기 때문에 미세에너지를 반드시 알아야 된다는군요. 엄마 아빠의 미세 에너지가, 우주에 있지만 같은 파동을 가진 저를 부른 것도 동일한 현상이니까, 이제 쉽게 이해되시겠지요?

3. 미세에너지에는 자기조직능력과 자기치유능력이 있다.(손등을 다쳐 도 저절로 낫고 원상회복이 되는데, 다치기 전 만큼만 회복되고 더 부풀지 않음)

4. 미세에너지는 의식 그 자체가 된다.

특히 미래에 태어날 아이에 대해 부부가 서로 다른 생각을 가지면, 아

생각해야 사람

이는 생기기 전부터 갈등이 생겨 나쁜 영향을 받을 수도 있으니까 정말 조심하는 게 좋겠네요. 사람의 생각하는 힘이 이렇게 대단하다는 것을 잘 활용하면 도깨비 방망이 같은 도구도 돼요! "생각이 그 사람, 생각하는 대로 된다, 꿈은 이루어진다!"는 말들은 모두 사람의 생각인 의식에너지가 대단한 힘을 가지고 우주공간에 무한하게 차 있는, 같은 파동의 양자를 끌어와, 사람이 생각한 대로 되게 할 수 있다는 것을 증명하는 말입니다.

후생유전학의 권유

특히 후생유전학의 권유는 참 흥미롭습니다. 원래 후생유전학이란, 인간게놈프로젝트의 연구결과로 인간의 유전조절요소에 유전자 외에 또 다른 요소가 있음이 확인되자 그것을 다루기 위해 만들어진 학문입니다.

그런데 그 후생유전학이 전통적인 의학과 의사들을 깜짝 놀라게 만들었지요. 지금까지 절대적인 진리로 받아들여졌던 "유전자 결정론(유전자만 유일하게 인체의 모든 것을 결정한다)을 뒤집은 것"입니다. 현대의학까지는 유전자 결정론이 절대적이었거든요. 그러나 후생유전학은 그런 요소들이 유전자가 100만 가지의 물질을 생성시켜 "나"의 생리현상을 유지하도록 만들며, 배후에서 유전자를 조절하여 질병을 일으키거나 건강을 유지하게 한다고 합니다.

후천적 성장환경이 터 큰 영향

이런 주장은 전자, 양성자, 중성자 등 소립자들의 입자와 파동에 관해 연구하는 양자물리학을 근거로 한 것입니다. 소립자는 한 곳에 응축된 물질 알갱이이고, 파동은 퍼져갈 수 있는 비물질적인 진동인데, 이 입자(물질)와 파동(에너지)은 전혀 다르지만, 소립자들은 한 순간에 입자

동전의 양면은 상보적 구조

가 되기도 하고, 파동이 되기도 한답니다.

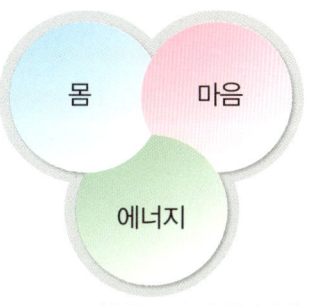

마음은 몸과 별개(강길전)

　이런 관계를 "상보적(相補的;서로 보충관계) 구조"라고 해요. 한마디로 전자, 양성자, 중성자 등은 그 모습이 변화무쌍하게 바뀔 수 있다는 것이지요. 그런데 양자물리학은 사람의 뇌가 상보적 구조로 되어있으며, 뇌를 보이는 물질적 뇌와 보이지 않는 파동의 뇌로 구분하여 보이지 않는 파동의 뇌를 "마음"이라고 했습니다.

　즉 마음은 뇌의 배후에 있는 안 보이는 파동에너지라는 것이지요. "파동에너지"인 마음은 일정한 공간을 차지하여 정지할 수도 있지만, 시공간을 초월하여 이동할 수도 있습니다. 따라서 마음은 몸 안은 물론, 몸 밖으로도 이동하여 다른 사람이나 동물, 식물, 물질 등에 영향을 미칩니다.

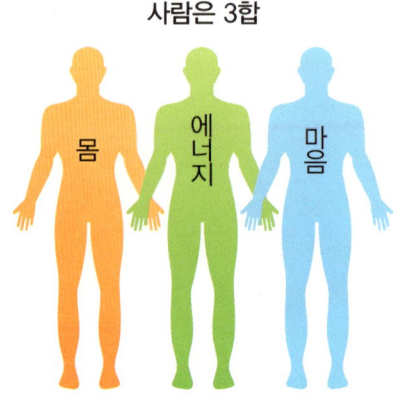

사람은 3합

몸 / 에너지 / 마음

사람 물리구조

그래서 이심전심이 정말로 물리적으로 가능하고, 또한 마음은 세포나 조직, 장기, 분자나 유전자에게도 영향을 미칠 수 있다는 군요. 이런 근거가 바로 비물질적인 마음이 물질에 작용하는 것과, 마음먹기에 따라 유전자의 조작이 가능하다는 것을 증명하는 거죠.

또한 불가에서 흔히 말하는 "세상만사 마음먹기 탓"이라는 말이 과학적인 근거를 갖는 셈이지요. 더욱이 이것은 태교신기에서 주장하는 "생후 훌륭한 선생님에게 10년간 잘 배우는 것보다 엄마의 뱃속 10개월이 더 낫고, 엄마의 뱃속 10개월보다 아빠의 하룻밤 정심이 더 낫다"는 말이 얼마나 과학적인 것인가를 증명해 줍니다.

합궁 때 아빠의 마음(합궁 전 정자 생성과정과 사정하는 순간까지)과, 태중 엄마의 마음(배란 전부터 수정, 착상, 태교와 출산까지)이 그렇게 큰 영향을 미친다는 의미지요.(이것은 앞 에서 본 미세에너지의 특성)

이제 엄마 아빠가 왜 아이가 생기기도 전에 구체적으로 바람직한 모습을 그려놓고 우주 공간에 있는 저를 불러왔는지 아시겠지요? 아이를 미리 정해놓고 소원하며 준비하면 그런 아이를 만들 수 있다는 겁니다. 이게 얼마나 신나는 소식 인가요! 말을 좀 바꾸면 보이는 아이를 만들기 전에 안 보이는 생각의 아이를 먼저 잘 만들어 놓고 보이는 아이를 그렇게 만들어야 바람직하게 된다는 겁니다.

초심리학(정신의학)자들의 실험이 증명해요

지금은 여러 분야의 학문이 사람의 삶을 도와주어 정말로 고맙지요? 아래의 학자들이 여러 단계의 실험으로 증명한 사례들은 세상의 모든 예비부모에게 "아이를 미리 디자인하고 원하면 반드시 그런 아이가 생기게 할 수 있다"는 확신을 줄 것입니다.

1. 초심리학자 엘리자베스 할렛(Elisabeth Hallett)은 출산 경험이 있는 여성을 대상으로 조사하면서, 상당히 많은 사람이 임신 중 태아와 영적인 접촉을 경험한다는 사실을 밝혀냈습니다. 심지어는 성교 중에 벌써 태어날 아기의 얼굴을 미리 보는 여성도 있어서 다음과 같은 결론을 내렸답니다.

    • 태아는 영적인 존재로 시작하여 나중에 육체의 옷을 입는다.
    • 태아의 영적존재는 무작위로 부모를 선택하는 것이 아니라, 의도적으로 부모를 선택한다. 이때 의도적으로 부모를 선택한다는 것은 부모가 아이의 이미지를 명확하게 그리고 있으므로, 미세에너지가 발산하는 그 파동과 동일한 파동이 끌어당김을 당한다고 보면 되는 거지요. 제가 바로 그런 경우라 이렇게 재미있게 말하고 있습니다.

2. 호주의 시드니대학 정신과교수 파란은 최면술로 사람의 기억을 수정순간까지 퇴행시켜, 수정되는 순간을 관찰

2.30% 아이가 태중 삶 기억

하면 사람은 단순히 정자와 난자의 결합에 의해서 수태되는 것이 아니라, 제3의 요소인 영혼이 합류되는 것을 알 수 있다고 하였습니다.

3. 초심리학자 칼만 부부는 출산 경험이 있는 100명의 여성들과 인터뷰한 후 다음과 같은 결과를 제시하였습니다.

   • 출생 전 존재는 지구상의 많은 문화권에서 찾아 볼 수 있으며, 고대로부터 지금까지 광범위하게 알려져 있다.

   • 출생 전의 영적인 존재가 미래의 부모를 결정하며, 출생 전의 영적 존재를 "영적 아이(spirit-child)"라고 불렀다.

이미 증명된 사례

약 4천 년 전 유목민들에게 있었던 얘기 좀 들어 보실래요. 고약한 외삼촌과 목동인 조카 사이에 있었던 일입니다.

〈한 외삼촌이 가출한 조카를 받아들여 근 20년이나 무임노동을 시킨 후, 임금협상을 하자고 했답니다. 상당히 대범하게 "네가 요구하는 대로 하겠다"고 호언했대요. 조카는 그냥 가축 중 "점박이와 줄무늬가 있는 것을 달라"고 했고, 외삼촌도 별 생각 없이 "그렇게 해!"라고 하여, 20년의 임금협상은 싱겁게 끝났지요. 그런데 문제는 그 다음 장면입니다.

그날 밤 외삼촌은 점박이와 줄무늬가 있는 것을 몽땅 골라서, 자기 아들에게 맡겨 사흘 길이나 되는 곳으로 가축을 옮겨버렸습니다. 초지를 따라 수시로 옮기는 게 유목민들의 일상사니까 멀리 가게 한 것은 충분히 그럴 수도 있지만, 조카의 몫을 한 마리도 없이

실제로 점박이 양은 귀한 편

돌로 얼룩말 만들 듯 나무로 점 만들어 점박이 양산

다 가져갔습니다.

조카의 20년간 노임은 한 푼도 없어요. 그 후부터 나오는 점박이나 줄무늬를 가지라는 건데, 점박이의 씨가 어디서 나와요? 그래서 조카는 나무둥치의 껍질을 벗겨 줄무늬와 점을 만들어, 그것을 가축들이 물을 먹는 우물가에 세워뒀어요. 그러면 가축들이 그 점과 줄무늬를 보면서 물도 먹고 교미도 했어요.

또 교미하는 가축이 비실비실한 놈일 때는 그 나무들을 치워버리고, 아주 튼튼한 놈들이 교미할 때만 보게 했습니다. 그랬더니 가축들의 새끼마다 점박이와 줄무늬 있는 놈만 쏟아져 나왔어요. 그것도 건강하고 튼튼한 놈으로만 말입니다!〉

이렇게 가축들이 평소에도 점박이와 줄무늬를 보고 머리에 이미지를 그렸지만, 특히 교미하면서도 보고 그 후에도 보았기 때문에 점박이와 줄무늬를 가진 새끼를 낳을 정자와 난자의 형성이 가능했다는 것이 양자의학의 주장입니다.

한국 선조들의 지혜도 과학

한국 속담에 "씨도둑은 못한다!"는 말이 있다면서요? 자식은 외모나 성품 등에서 반드시 아버지를 닮는다는 것을 강조한 것이래요. 그래서 한국의 조상님들은 자녀 양육과 교육 측면에서 부모의 준비를 극히 강조했습니다.

첫째로는 부모의 인품을 중시해서 인격수양을 우선으로 생각했지요. 즉, 아이가 생기기 전에 수신(修身)을 필수적인 전제로 했습니다.

두 번째는 기다림의 정성입니다. 훌륭한 성품과 뛰어난 자질을 가진 자녀를 갖기 위해 잉태 전에는 심신관리에 힘쓰고, 잉태 후에는 태교로 "훌륭한 성품과 탁월한 자질의 자녀가 되도록" 노력하였답니다(최혜순, 양은호, 한국의 전통육아). 자녀잉태 전에 부모가 반드시 신체적으로 건강하고 정신적, 정서적으로 정결해야 한다는 점

싹이 난 뒤에는 꽃을 바꿀 수 없어

을 강조했던 것이지요(유안진).

또한 『태교신기』에서도 부부 교합의 기피일과 시간 및 장소를 열거한 후, 이를 어기면 자녀가 우둔한 자질과 장애나 질병 또는 나쁜 성품을 가질 것이라고 말하고 있습니다.

그런 조상님들의 태교사례로, 한국의 선비 김시습(金時習)은 다섯 살에 이미 중용(中庸)과 대학(大學)에 통달했던 신동이었대요. 그 소문을 들고 노정승인 허조(許稠)가 불러 "나는 늙어 쓸모없는 몸이니 늙을 老(노)를 넣어 칠언절구(七言絕句)를 지어보라" 했더니 "늙은 나무도 꽃은 피우나니 마음은 늙지 않았네(老木開花心不老)" 했답니다.

또 이 일을 전해들은 세종대왕이 그를 궁으로 불러들여 "동자의 배움은 백학이 청송 끝에 춤추는 것 같도다"라는 시구를 제시하고 여기에 대구(對句)를 지

자연이 만든 사막의 장미

으라고 했더니, 김시습은 "성주의 덕은 황룡이 벽해에 꿈틀거리는 것 같도다(聖主之德黃龍 碧海之中)"라는 시를 지어, 세종을 비롯한 모든 사람들이 크게 감탄했다는 기록이 전해오고 있습니다. 한편 서양의 바흐나 괴테 차이코프스키도 다섯 살 때부터 비범한 재능을 발휘

한 천재였다고 합니다.

그런데 이처럼 신동들이 없는 것이 아니라 있긴 있는데 다만 만들어지지 않는다는 것이 고금의 진리랍니다(이규태, 한국인의 의식). 그러니까 잉태, 즉 싹이 나기 전에 천재의 특성을 갖는 양자를 불러 모으는 일은 부모들이 반드시 실행해야 할 진리이고, 태어날 아이에게 줄 최선의 선물이지요.

또 하나의 사례를 들어보면, 7세부터 시를 짓기 시작해 75세까지 무려 1,195편에 2,263수나 시를 썼던 다산(茶山) 정약용 선생은 시대를 걱정해서 쓴 시가 많다고 합니다. 그 중에는 1803년에 쓴 애절양(哀絶陽)이란 시가 있는데, 그 안에 "만물이 낳고 살아가는 이치, 하늘이 내려주심이니, 음과 양이 어울려서, 아들이요 딸이로세!"라고 해서, 자녀의 생산이 자연스러운 하늘의 섭리임을 잘 표현했다고 합니다.(신연우, 우리 한시)

그런데 한국의 조상님들은 사람의 생노병사(生老病死)가 하늘에 달렸다는 사실을 왜 그렇게 철저히 믿었을까요? 마치 사람의 근본이 우주공간에 있는 활성정보에 있다는 것을 증명한 오늘날의 최첨단 과학이론인 양자물리학을 미리 알고라도 있었던 것처럼 말입니다. 탁월하신 여러분의 조상님들께 정말 감사드려야 할 일이지요!

최초의 사람을 만든 조물주와 자연의 생명체 생성 모델

제가 우주공간의 활성정보에서 왔으니 잘 알고 있지만, 조물주가 최초에 사람을 만들 때 다음과 같은 과정을 거쳤답니다.

기록에 보면 조물주는 "우리(3위)가 우리의 형상을 따라서, 우리의 모양대로 사람을 만들자. 그리고 그가, 바다의 고기와 공중의 새와 땅 위에 사는 온갖 들짐승과 땅 위를 기어 다니는 모든 길짐승을 다스리게 하자"고 협의를 했대요.

이 단계가 참으로 중요한 사람의 특성 설계 단계거든요. 전능한 조물주가 사람을 만들 때도 이렇게 먼저 정교하게 설계한 후에 만들었는데, 보통 사람들이 아무런 생각이나 설계나 준비도 없이 되는 대로, 사람을 만든다는 것은 정말 대단한 잘못 아닌가요?

한국의 조상들은 "양반은 얼어 죽어도 곁불 안 쬔다. 양반은 물에 빠져 죽어도 개헤엄은 안친다!"는 말을 지키려 했다는데, 이 내용의 현실적 가치를 따지기 전에 품위유지(Noblesse oblige)란 면에서는 그 분들이 영국신사나 프랑스 귀족을 능가하는 것 같아요? 그만큼 한국선조들은 사람다움을 강조하셨던 것입니다. 그러니 사육신과 생육신 등 후손들이 배워야할 인물이 얼마나 많이 계신가요?

바로 이런 민족이니까 조물주의 기본 모형을 따라, 임신 전에 참 좋은 사람을 설계하고, 그런 아이가 만들어져 자라게 하여, 개인은 물론 가성과 사회와 국가를 넘어 인류에 기여하는 사람이 되게

하자는 게 저 양자의 간절한
소원입니다.

　바이블에는 조물주가
"내가 너를 모태에 짓기 전에
알았고, 너를 여러 나라의 선
지자로 세웠노라"(렘1:5)고 해
서, 미래에 어떤 활동을 할 것
까지 철저히 정해서 거기에
합당한 인물로 설계했습니다.

　또 "주께서 내 장부를 지
으시며, 나의 모태에서 나를
조직하셨나이다."와 "내 형질

자연과 사람의 생명 목적은 서로 돕는 것

이 이루기 전에 주의 눈이 보셨으며"(시 139:13, 16)라고 해서 태아를
직접 설계한 것으로 되어 있지요. 또 "너를 지으며 너를 모태에서
조성한 나 여호와가 말하노라"(사 44:2)라고 해서, 이 땅에 그를 보
낸 조물주는 태중에 생기기 전에 개입한 것으로 되어 있습니다.(미
세에너지의 특성과 일치하지요)

　이런 주장들을 근거로 보면, 지금 제가 임신 전에 사람을 디자
인하라고 권하는 것은, 한 사람이 이 세상에 올 때 신과 인간이 합
작하는 것처럼 아주 자연스러운 일입니다.

　이제 그만 이야기를 마무리하겠습니다. 지금까지 양자에서 출
발해 착상까지의 긴 과정을, 과학적 근거와 사례, 그리고 조상들의
구체적 실천 사례를 들면서 증명했습니다. 즉, 이번 이야기의 결론

싹이 나면 열매는 결정

은 아이가 자라서 어떤 일을 할 것인지, 그의 모습을 엄마 아빠가 가능한 한 구체적으로 그려놓고 간절히 소원하면, 우주공간에 있는 무한한 자원에서 그런 사람이 되는데 필요한 동일한 파동을 모아서, 바로 그런 사람을 잉태시킨다는 것입니다.

　사람의 생각이 이렇게 위대한 능력이 있다니 얼마나 신나고 재미있어요! 저는 이런 자연법칙을 이야기 하니 정말 기분이 좋습니다.

엄마 아빠의 경쟁력도 높아져요!

양자인 제가 저를 포함한 아주 작은 입자(알갱이, 파동)의 작용을 사람들에게 얘기할 기회를 갖게 되어 참으로 즐겁습니다! 지금까지는 저희들을 활용하셔서 "세상에서 유일한 최선의 사람을 만들도록" 안내했습니다. 그럼 이제 최선의 사람 설계와 씨앗개발 및 옥토준비와 새 생명창조를 마쳤으니, 마무리를 하면서 효과를 확인할 과학적 증거를 압축 정리하겠습니다.

이미 앞에서 보셨듯이 최선의 사람 만들기는 특별히 돈이나, 고도의 기술이나 전문지식, 또는 아주 고매한 인품이나 피나는 노

개인 마을 국가의 경쟁력 상징인 용머리

력을 요하는 것이 아닙니다. 그냥 일상적인 삶이 건전하고 부부의 정이 두터우며, 다음 세대에 대한 기대와 관심만 가지면 누구나 가능합니다. 여기서 설계와 개발과 창조가 가능한 과학적 사실을 확인하면서, 이 도구를 다른 데도 활용하여 부모들의 사회적 경쟁력을 크게 높이기 바랍니다!

생각이 만능입니다!

지금 이 책을 읽는 분들은 참으로 행운아입니다. 우주에서 온 양자의 얘기를 듣고 있거든요. 뿐만 아니라 저희 양자를 활용할 수 있다는 것은, 불과 30년 전만 해도 꿈도 못 꾸었던 막강한 도구들을 사용하는 것입니다. 물론 한국의 선조들은 지혜로워서, 이제야 꽃을 피우는 양자물리학을 이미 다 터득하고 실천해왔으며, 태교신기와 같은 기발한 책까지 쓰셨으니 정말로 자랑스럽습니다.

요즘은 하드웨어는 물론 소프트웨어가 너무나 탁월하여 한 사람이 수십 명의 일을 할 수도 있고, 불과 한 두 시간에 몇 날이나 몇 달치의 작업을 할 수도 있습니다. 물론 이 모두가 전자의 덕이지요. 그런데 이런 도구는 누구나 잠간 집중하면 알고 사용할 수 있어서, 요즘은 스마트 기기를 안 쓰는 일부 외에는 사람들이 다 아주 스마

생각이 만든 아름다운 정경

트해요. 일단 이런 도구를 쓰는 분들로는 차별화시킬 수 있는 무기가 없어요.

그래서 이번에는 양자 수준에서 활용할 수 있는 아주 바람직한 도구를 드리고 싶습니다. 이것은 핵미사일처럼 보이지는 않지만 핵무기를 능가하는 도구이기 때문에 더 가치가 있습니다. 오직 신념과 믿음과 연습으로 이것을 자유자재로 활용할 수 있으며, 게다가 아주 정밀한 과학적 사실이기 때문에 더 무서울 수도 있답니다.

일체유심조

신라 문무왕 1년(AD 661년)에 당시 학승이었던 원효와 의상(義湘)이 함께 당나라로 유학을 가다가, 날이 저물어 당항성이란 곳의 어느 무덤 옆에서 잠을 잤대요. 한참을 곤히 자던 중에 원효가 잠결에 목이 말라 물을 찾다가 마침 옆에 있던 하얀 사발에 담긴 물을

마음과 생각 나듬

아주 맛있게 마시고 다시 잠을 잤답니다. 그런데 날이 밝아 일어나보니, 밤에 그렇게 시원하게 마셨던 물은 하얀 사발이 아니라 사람의 해골에 고여 있더래요. 원효는 잠결에 마신 물이 해골에 괸 물이었음을 알고 나니 당장 구역질이 나고 창자가 뒤집히는 것 같아 무척 괴로웠답니다.

그래서 잠깐 다시 생각해보니 어제 밤에 그릇에 담긴 줄 알고 마신 물이나 지금 해골에 담긴 물이나 똑 같은데, 그 물을 보는 마음에 따라 물리 달라졌음을 깨달았어요. 그 자리에서 "아하, 모든 것은 마음에 있구나!"라고 크게 깨우침을 얻은 원효는 그 길로 유학을 포기하고 돌아왔다는 얘기가 있지요.

일체유심조란 말은 화엄경(華嚴經)의 중심사상으로, 일체의 제법(諸法; 우주에 있는 유·무형의 모든 사물)은 그것을 인식하는 마음의 나타남이고, 존재의 본체는 오직 마음이 지어내는 것일 뿐이란 뜻이랍니다. 즉 모든 것은 오로지 마음에 있다는 것을 의미하지요.

모든 것은 보는 이의 마음에

그래서 행복은 "상황이 아니라 해석"이란 말도 가능하답니다.

또 이심전심(以心傳心)이란 말도 마음과 마음으로 서로 뜻이 통한다는 의미지요. 가끔 서로 아는 사람끼리 전화를 하면, 마침 상대도 전화를 하려했다는 경우가 있는데, 이런 것을 이심전심이라고 하죠. 문자나 언어 없이 남을 깨닫게 한다는 말도 되고, 아무런 표현을 따로 하지 않았는데도 상대가 알게 된다는 의미이기도 합니다. 사람은 말하지 않고도 이렇게 통하는 것이 실제로 많습니다. 외국인끼리, 또는 어떤 상황에서 서로 전혀 의견교환이 없었는데도 그 상황을 같게 생각하는 경우도 마찬가지지요.

뿐만 아니라, "말이 씨가 된다"는 말도 역시 일체유심조나 이심전심과 같은데, 말을 하면 그 말과 같은 파동을 가진 양자들이 몰려와서 그 말의 내용을 그대로 이루고 만다는 것입니다. 제가 큰소리치는 것도 같은 맥입니다. 저희 양자들을 우습게보지 말란 말이

심으면 씩 나고 꽃 피면 반드시 여는 대추

지요. 꿈은 이루어진다는 말은 정말로 파워풀한 말인데 사람들이 잘 믿지를 않네요.

양자물리학과 대체의학이 고마워요!

그런데 이런 말을 양자이론에서 보면 너무나 과학적입니다. 전통 양의이지만 대체의학을 전문으로 하는 강길전(충남대 명예교수)은 이 현상을 아주 명확하게 설명하며, 모든 사람이 쉽게 삶에 적용하여 큰 득을 볼 것을 간절히 권하고 있습니다. "현대의학은 아직도 뉴턴 물리학적 관점에서 사람을 기계처럼 보고 있다. 미래의 의사들은 인간의 마음속에는 몸을 치유할 수 있는 위대한 힘이 있다는 사실을 인정해야 한다고 생각한다"라고요.

또 다른 양자물리학자들도 사람은 자신을 보는 대로 되므로 항상 새로운 사람이 될 수도 있지만, 역사에 있었던 사람의 특성을

다 사람의 생각대로 된 것

알고 그와 같다고 생각하면 그대로 된답니다.(김상운) 그러니 마음으로 그를 닮는다고 생각만 하면 된다니까 얼마나 편리하고 좋아요.

위의 사실이 있어서 생각으로 사람을 설계하고 개발할 수도 있습니다. 사람의 생각이 서로 동시에 같은 것을 생각하거나, 생각하는 바가 현실로 이루어지는 현상 등을 실험으로 보면 아주 명확해요.

• 지금 있는 자리에서 눈을 감고 마음으로 집에 있는 냉장고 문을 열어, 레몬 한 개를 꺼내어, 그 레몬을 잘게 선 다음, 한 조각을 입에 넣는다고 상상해보세요. 입에서 침이 나오지요? 상상으로만 레몬을 입에 넣었는데 입 속의 침샘을 자극하여 침이 나온 것은, 몸과 마음이 연결되었다는 증거가 맞지요.

• 5분 동안 사랑의 감정에 빠지면, 그 후 6시간 동안 면역기능이 증가하고, 반대로 5분 동안 분노의 감정에 빠지면 그 후 5시간 동안 면역기능이 감소하는 것으로 밝혀졌는데, 이것도 생각이 몸의 면역체계에 영향을 미친

기도 명상 마음 챙김

것이 맞지요.

• 우울증 환자에게 치료약인 프로작을 주고, 뇌의 기능성 MRI를 찍은 경우와, 가짜 약을 프로작이라고 속이고, 뇌의 기능성 MRI를 찍었을 때, 뇌의 동일한 부위가 활성화된다는 사실도 밝혀졌는데, 이 현상도 역시 환자의 생각으로 뇌 작용이 변한 것이잖아요.

• 기도치료에서 기도를 하는 사람과 치료를 받는 사람 각각에 기능성 MRI를 촬영하면, 두 사람 뇌의 동일한 부위가 활성화된다는 사실도 밝혀졌어요. 이것도 생각이 몸을 벗어나 다른 사람에게 영향을 미친 것이니까, 오로지 생각이 다른 사람의 뇌를 조종했으므로, 사람의 "생각"은 만능도구가 틀림없죠.

• 뿐만 아니라 명상, 이완요법, 마음 챙김, 자기최면, 바이오피드백, 심상요법, 인지요법 및 사회적 지지요법 등과 같은 심신치유법도 선진 외국

사람의 생각대로 만든 호랑이

에서는 그 이용도가 많이 증가하는 추세에 있는데, 그 이유는 몸과 마음의 연결에 의하여 치유가 가능하기 때문입니다.

이와 같이 몸과 마음은 확실히 연결되어 있는데, 정작 중요한 것은 잘 모르고 있어요. 즉, "마음은 무엇인가?" "마음은 어디에 있는가?" 그리고 "물질적인 몸과 비물질적인 마음은 어떻게 연결되는가?" 등에 대해서는 잘 몰라요. 이제 이 탁월한 마음의 기능을 연마하여 일상적 도구로 활용하기만 하면, 미래에 막강한 경쟁력이 될 수 있으니 여러분도 이를 연마해 활용하십시오.

결국 사람은 생각입니다

과학자들은 사람의 관찰행동자체가 입자들의 움직임에 영향을 미친다는 사실을 발견했습니다. 이것은 사람의 생각에 따라 사물이 움직일 수 있다는 증거지요. 또한 어떤 과학자들은 에너지가

생각이 영그는 시간이 걸릴 뿐 반드시 이루어짐

물질의 마지막 단위가 아니라, 그 하위에는 정보의 장이 있으며, 이를 다른 말로 바꾸면 의식이라고 할 수 있고, 그 의식이 바로 사람의 생각이라고 합니다.

즉, 사람의 눈으로 볼 수 있는 모든 물체는 원자로 만들어졌고, 원자는 에너지로 만들어졌으며, 그 에너지는 의식으로 만들어진다는 말인데, 결국 이에 따르면 물질과 의식은 같다고 할 수 있으며, 그래서 사람의 생각은 곧 그 사람이라고 할 수 있다는 것입니다.

양자물리학은 사람의 뇌를 보이는 물질적 뇌와 보이지 않는 파동의 뇌로 구분하고, 파동의 뇌를 마음이라고 했어요. 이게 과학자들의 노력 결과이며 미래의 큰 희망입니다. 바이블에 있는 "그 마음에 생각하는 그대로 사람도 그런즉(잠 23:7)"이라는 말과 같이 사람은 생각하는 대로라서, 생각에는 아주 강한 힘이 있고, 살면서 창조하는 모든 것을 통제하므로 생각이 물질을 앞선다고 하며, 생각으로 조작하는 컴퓨터도 그래서 가능해요.

사람은 생각으로 이런 아름다움도 만들 수 있다

악기소리는 공명으로 멀리까지 들려

환경이나 여건이 아니라 생각이 주변을 통제하는 막강한 힘을 가지고 있으므로, 일을 성사시키고 인생을 성공적으로 살기 위해서는 자신이 원인과 주체가 된다는 강력한 의지가 필요해요. 또 공명 때문에 길을 가면서 집안의 피아노 소리를 들을 수 있는 것과 같이, 생각도 공명을 일으켜 어떤 희망을 선명하게 가지면, 그 희망이 파동이 되어, 그 희망과 관련된 사물이나 사실에 공명하여 그것을 끌어당겨 일이 이루어지게 합니다.

그래서 사람의 생각에 처음에는 아무 것도 안 보이므로 없는 것 같지만, 그 생각을 하나씩 채워나가면 몇 달이나 몇 년이 지나면서 점차 바라던 것이 다 이루어집니다. 이것은 사람의 생각이 분자 집합기(물질의 분자를 합성하여 물건을 만들어 내는 기계. 이미 나온 3D 프린터)와 같은 것이지요.

더욱이 이루고 싶은 상태를 극히 구체적으로 생각할수록 그 소원은 더 성확히 이루어진대요. 다만 씨를 심으면 싹이 나고 자라서 열매를 맺기까지 시간이 걸리는 것과 같이, 어떤 것을 이루는 데도 반드시 정해진 시간이 필요해요. 그 과정에서 사람이 반드시 해야 할 것은, 자신의 생각이 옳다는 신념과, 주위의 여러 조건이 그것을 잘 이루어 간다는 확고한 믿음을 가지고, 때때로 필요한 행동을 성실하게 하는 것입니다.

닫는 글

　이제 참으로 숭고하고 거대한 작업이 시작됩니다. 책을 덮으면 끝이 아니라 이제부터 진정한 시작입니다. 사람은 과거의 산물이므로 미래에 보다 더 나은 세대를 키우도록 저 양자가 권유했습니다.

　독자님들은 지금 직면한 환경이나 문제를 결코 선택하지 않았지만, 잉태되고 자라난 환경의 산물이라 그것을 피할 수 없었습니다. 그래서 이제 새 세대를 키워야 훨씬 더 좋은 환경을 만들 차례입니다.

　어느 때보다도 더 확실하고 파워 넘치는 막강한 도구를 여러분께 드렸으며, 여태껏 밝혀지지 않았던 비밀을 양자인 제가 명확하게 증명했습니다. 또 그것이 누구나 사용할 수 있는, 아주 유용한 도깨비 방망이 같아서 저는 한 없이 뿌듯합니다.

　한국은 5천년 역사를 통해 선조들의 찬란한 문화와 유산이 너무나 풍요롭게 한국인의 집단무의식에 축적되어 있으므로, 여러분은 반드시 선조들에게 크게 감사해야 된다고 봅니다.

　지금 여러분이 시작하면 전혀 새로운 세대가 태어나고, 당대에 개인은 물론 사회와 나라를 바꿀 수 있으며, 세계도 좌지우지할 수 있습니다. 그 혁신의 주체가 되어 개인과 가문과 한국은 물론, 인류를 더 복되게 하십시오! 그것이 제가 이 땅에 보내진 기본 사명이고, 여러분 모두가 자신의 사명을 다 하는 것이라고 봅니다.

후세를 탁월하게 많이 낳고 키우는 일은 선택사항이 아니고 가장 중요한 인생 제1의 사명입니다. 즉 본업 중에 하나이며 최우선 임무입니다. 만약에 후세를 갖지 않는다면 생명체의 기본 임무를 수행하지 않는 것이므로 살아야 할 조건이 없어지는 것과 같습니다.

탁월한 후세를 세우기 위한 필수사항은

1. 부부가 애정순도 100%를 유지한다.
2. 1개월 간 심사숙고하면서 후세를 설계한다.
3. 3개월간 금욕하며 새 정자를 개발하고 난자를 준비시킨다.
4. 1개월 또는 2개월 아주 구별된 합궁으로 새 생명을 창조한다.
5. 여기에 제시된 과학적 사실을 감사하며 적용한다.

아무 것도 별난 것이 없으며, 몸과 마음을 정갈하게 유지하면서, 음식을 건강식으로, 운동을 적당하게, 좋은 생각을 하면 됩니다. 참 좋은 후세를 세워 큰 복을 누리시기 바랍니다!

저자의 원에 따라 양자 드림

온 사람136-1 설계 개발

과학이 보증하는
참 사람 싹 티우기

발　행 2016년 6월 20일

펴낸곳 푸른서울　　**펴낸이** 김영훈

저　자 꿈꾸는 소년

기획총괄 구점수　　**편　집** 이경준, 김귀숙, 송아람

디자인 김동환, 김보검　　**분해 · 제작** 푸른서울

등　록 제313-2010-161호

주　소 서울시 마포구 월드컵로 12길 (서교동)

문　의 02-3377-808

Copyright©2016 by 황병수 · 푸른서울

ISBN 978-89-94652-12-2